Índice

Reconozcamos la obra de Dios

Adoración (manuscrito)

Perspectiva de la editora

En agosto de 2017, mientras concluíamos el trabajo editorial con estas lecciones, dos días de violencia invadieron los noticieros. El primero, el 12 de agosto, ocurrió en Charlottesville, Virginia. Una ciudad universitaria se encontró siendo escenario de encuentros violentos entre grupos que se identifican a sí mismos como neo-nazis y grupos que se le oponen. Hubo heridos y al menos una persona muerta. El 17 de agosto, el grupo extremista ISIS se adjudicó la muerte de más de catorce personas, aparte de decenas de heridos, en dos lugares de Cataluña. Los comentarios y las reacciones ante estos acontecimientos fueron constantes.

Resulta extraño para muchas personas hablar de adoración en momentos en los cuales las noticias de violencia parecen ser tema diario. ¿Por qué puede ser importante la adoración en estos contextos? La razón principal es que creemos en un Dios que quiere lo mejor para su pueblo. Los creyentes, la iglesia, somos la sal y la luz del mundo. Sin la fe, la esperanza y la afirmación del amor, no podríamos sobrevivir.

Las personas de fe afirmamos la esperanza en un Dios de amor, de justicia, de compasión. Nuestras oraciones, nuestro testimonio, nuestros cánticos son necesarios para la transformación de una tierra que vive en las tinieblas. En Jesucristo, Dios se ha identificado con nuestro dolor; pero también nos ha mostrado el triunfo de la resurrección. Por eso es que tenemos esperanza, como dice el himno compuesto por el siempre recordado Obispo Federico Pagura. Les invito a meditar en todo lo que nuestra adoración representa para nuestra sociedad través de las lecciones del trimestre. Que Dios nos capacite plenamente para ser testigos de su gracia y su gloria en este planeta.

Carmen Gaud

Lecciones Cristianas

Libro del maestro

marzo-abril-mayo, 2018 • Año 32, No. 3

Equipo editorial y de diseño
Carmen Gaud, Editora
Pablo Garzón, Editor de producción
Ken Strickland, Diseñador

Equipo administrativo
Brian Milford, Publicador de la Iglesia Metodista Unida
Marjorie M. Pon, Gerente editorial de recursos educativos de la iglesia

LECCIONES CRISTIANAS, LIBRO DEL MAESTRO (ISSN 0889-4051). Es un recurso oficial para la Iglesia Metodista Unida, aprobado por la Junta General de Discipulado y publicado trimestralmente por Cokesbury, The United Methodist Publishing House, 2222 Rosa L. Parks Blvd. P.O. Box 280988, Nashville, Tennessee 37228-0988. Derechos de autor © 2018 por Cokesbury. Si cambia de dirección, por favor escriba a LECCIONES CRISTIANAS, 2222 Rosa L. Parks Blvd. P.O. Box 280988, Nashville, Tennessee 37228-0988.
   Para pedir ejemplares de esta publicación, llame gratis al **1-800-294-8674**. También puede enviar su pedido por FAX al **1-800-445-8189**. Si tiene problemas de audición, llame al Servicio de Telecomunicaciones al **1-800-227-4091**. Después de horas de oficina, puede dejar su pedido en nuestro servicio automático, o visitar la página www.cokesbury.com/español. Utilice su número de cuenta con Cokesbury, American Express, Visa, Discover o MasterCard.
   Para obtener permiso para reproducir cualquier parte del material en esta publicación, llame al **1-615-749-6421**, o escriba a Permissions Office, 2222 Rosa L. Parks Blvd., P.O. Box 280988, Nashville, Tennessee 37228-0988.
   Se usa la *Santa Biblia, Reina-Valera, Revisión de 1995*, derechos de autor © 1995 por Sociedades Bíblicas Unidas.
   Las lecciones se basan en las Lecciones Dominicales para la Enseñanza Cristiana, derechos de autor © 2010 por Committee on the Uniform Series.

LECCIONES CRISTIANAS, LIBRO DEL MAESTRO está dirigido a los maestros y las maestras de las Lecciones Bíblicas Internacionales. Contiene planes detallados para cada lección y artículos de fondo para ayudarle a enseñar la clase.

La portada

Huerto de los olivos, jardín de Getsemaní

El jardín llamado Getsemaní se encuentra al pie del Monte de los Olivos en Jerusalén. Getsemaní significa "prensa de aceite" en arameo. Los Evangelios de Mateo (26:36) y Marcos (14:32) lo identifican como el lugar donde el Señor y sus discípulos fueron a orar justo antes de la detención y crucifixión de Jesús. El Evangelio de Lucas no menciona Getsemaní por su nombre, sino que registra que Jesús iba al Monte de los Olivos a orar (Lucas 22:39). Esta área, que en el tiempo de Jesús probablemente estaba cubierta por plantas y cultivos, hoy en día es un bosque relativamente pequeño. Sigue siendo un sitio muy frecuentado por los peregrinos cristianos que visitan Jerusalén.

Foto en la portada: Shutterstock

Cokesbury

La **Rda. Heidi Arencibia** es natural de Matanzas, Cuba. Su fe se nutre en un hogar fiel al evangelio. Graduada de Pedagogía en 1982, dirige la Educación Cristiana de la Iglesia Metodista en Cuba a nivel nacional por quince años. Estudia en el Seminario Evangélico de Teología de Matanzas, Cuba, primero la Licenciatura en Teología (1997) y luego la Maestría en Teología (2001). Ejerce como profesora y miembro de la Facultad en esa institución hasta que en el 2003 logra reunirse con su esposo e hijo en Miami donde reside actualmente. Pastorea desde el 2007 una comunidad hispana en la Iglesia Presbiteriana Nueva Vida, en Miami. Casada con Alberto Hernández por 30 años, su hijo Samuel tiene una Maestría en Negocios y su hija Dania Beatriz actualmente cursa estudios universitarios en Florida International University. Su familia sirve al Señor en el ministerio de adoración y música.

El Señor
proveerá

Propósito

Abraham enfrenta un reto de obediencia extremo: la petición de Dios de sacrificar a su hijo Isaac. La lección señala el sacrificio de Abraham en obediencia al llamado de Dios y su propósito. Evaluaremos la importancia de esta actitud en la cristiandad en los tiempos actuales. Para introducir el tema de la adoración como tema del trimestre, examinaremos cómo la verdadera adoración siempre tiene a Dios en primer lugar y encauza nuestra vida. Observaremos que la naturaleza misericordiosa de Dios siempre provee para los suyos. Tendremos oportunidad de responder al llamado de Dios con una vida de entrega.

Texto bíblico:
Génesis 22:1-3, 6-14

Trasfondo bíblico:
Génesis 22

Versículo clave: *Amados, si Dios así nos ha amado, también debemos amarnos unos a otros.* **(1 Juan 4:11)**

Introduzca la lección

Para comenzar la lección, invite al grupo a conversar acerca de los sacrificios que implica emigrar o mudarse a otro lugar. Todo cambio trae pérdidas y sacrificios. Escuche testimonios breves y resalte que estos cambios implican sacrificios.

Compare esta experiencia con la que vivió Abraham en Génesis 12:1-5. Subraye que la diferencia es que Abraham no toma la iniciativa, sino que lo hace como respuesta de obediencia al llamado de Dios. Con este acto, ya Abraham le ha demostrado a Dios su obediencia incondicional.

Sin embargo, el texto de hoy nuevamente le presenta una prueba de obediencia a Abraham. Se trata de su hijo Isaac, el hijo dado por Dios, quien le asegura una futura descendencia y el cumplimiento de la promesa.

En preparación para la lección, puede repasar la historia del nacimiento de Isaac (Génesis 18:1-14 y Génesis 21: 1.7). Su nombre es "risa" porque era imposible creer que Sara y Abraham pudieran tener un hijo a su edad. Comente según su experiencia y la de los miembros de la clase cómo se quieren los hijos de la vejez. ¿Qué sería Isaac para sus padres? ¿Podía haber algo más importante para ellos que ese niño largamente deseado? En Génesis 21: 8-21, Abraham sabe lo que es perder un hijo por abandono. Abraham no disfruta de Ismael, el hijo que le dio Agar. Ahora se arriesga a perder dos hijos.

Sea firme en llevar la lección conforme al objetivo propuesto. Usted conoce su clase y debe ser cuidadoso con el tema en caso de que haya personas que hayan sufrido la pérdida de hijos o hayan sido víctimas de violencia infantil.

Lea el texto escogido. Acto seguido, pídale a los alumnos que le pongan un sabor a la lectura bíblica (salado, dulce, amargo, picante). Deben recordarlo al terminar de estudiar el texto.

Explique la Escritura

Recursos para el análisis del texto:

v. 1: Existe una relación de intimidad: Dios llama a Abraham por su nombre y este responde con entera disponibilidad. No sabe aún de qué se trata, pero desde esta sola respuesta se muestra abierto y disponible para Dios. Este es el principio de la adoración.

v. 2: Hay una prueba y no es sencilla. En estos momentos existe la costumbre de sacrificio de niños en las tradiciones religiosas alrededor de Abram. Después de la revelación a Moisés, la ley indica que Dios podía pedir el primer hijo porque le pertenecía (Éxodo 22:29). Toda primicia era de Dios (Éxodo 13:1-2, 11-16).

vv. 3, 4: En el viaje los días de camino conllevan reflexión y diálogos internos para Abraham.

Antes de continuar explique que esta historia constituye un acto de condena a los sacrificios practicados por los pueblos vecinos. Lea entonces vv. 6-12: Descubran los detalles que se describen: los objetos peligrosos, el fuego, el cuchillo, el diálogo entre el padre y el hijo por la falta del cordero, el silencio del último tramo del camino, la construcción del altar, ¡el hijo atado sobre la leña en el clímax de la narración llena de tensión y dramatismo! Al último instante el ángel, que es Dios mismo, impide el holocausto del hijo. Aparece el carnero. Dios provee la ofrenda en sustitución de la víctima humana.

Enfatice la seguridad de Abraham en el Dios en el que cree. Analice estos versos:

v. 4: "Yo y el muchacho iremos hasta allá....ADORAREMOS y VOLVEREMOS".

vv. 7, 8: Son el centro de este pasaje: Dios proveerá.

vv. 13: El carnero fue el sacrificio. Dios proveyó un carnero. En la tradición cristiana se ha interpretado que el cumplimiento final y verdadero fue el Cordero, hijo de Dios.

Recuerde que el énfasis de la lección es la adoración. ¿Cómo se lee este pasaje desde esa perspectiva? Esta narración nos viene a decir que Dios es Señor de todo, incluso de aquello que un ser humano puede considerar como lo más suyo y lo que más puede amar.

Los sacrificios humanos y de infantes eran comunes entre los cananeos y los pueblos del Oriente. En Levítico 18:21, 20:1-5 y 1 Reyes 16:1-3 vemos pasajes que denuncian esta práctica que era habitual en las religiones del Oriente. Su clase debe entender que este pasaje resulta un texto modelo en contra de una cultura que se basaba en el sacrificio humano, incluyendo el sacrificio de infantes. Resalta que Dios, a pesar de ser señor de todo y de todos, no quiere el sacrificio humano, y cumple sus promesas gratuitamente y para bendición.

El Dios que los patriarcas adoraban exigía ciertamente una fe y una obediencia como las de Abraham, pero era una obediencia que ayudaba al creyente a encontrar valor y sentido en su vida, y a caminar hacia el cumplimiento de la promesa, descansando en Dios. Es una obediencia liberadora, una religiosidad humanizante que contrasta con las formas fanáticas y crueles de los cultos cananeos que sacrificaban para dar honor a sus dioses. Es la religión que está a favor del ser humano, la adoración que le da valor al creyente.

La adoración de Abraham estuvo marcada por:
- Anteponer la obediencia a Dios.
- Sacrificar su prioridad y subordinarla al Señor. Entregar lo que más amaba reconociendo la soberanía de Dios, que su hijo le pertenecía al Señor, que ese hijo era una bendición dada por él. Abraham puede entregar lo más amado en las manos de quien le ama más: Dios.
- Reconocer la naturaleza de amor y misericordia del Dios que él adora. Sabe que es un Dios fiel, y sin explicarse cómo, está seguro que cumplirá su promesa de descendencia, que proveerá y que después de adorar "volveremos" (él y su hijo).
- Su adoración se hizo acción: adorar no es un sentimiento o una idea, es actuar en obediencia y entrega a Dios.

Abraham, por estar dispuesto a cumplir la orden divina y haberse mantenido fiel en el momento de la prueba suprema, llegó a ser un perfecto ejemplo de fe y de obediencia al Señor (Santiago 2:21 y Hebreos 11:8-12, 17-19).

Aplique la lección

El mandato de Dios a Abraham parecía contradecir la promesa de darle una numerosa descendencia por medio de Isaac. En realidad le está mostrando a Abraham qué es lo que debe rectificar en su adoración a Dios, y sacrificar como prioridad de vida: Abraham debía invertir sus valores y darle la prioridad a Dios.

Hoy no es agradable hablar de sacrificio. Creemos que no hay necesidad de sacrificar para Dios. Sin embargo, Dios no nos negó su único hijo, y lo dio en sacrificio por nosotros para salvación. El sacrificio y el sufrimiento fueron expresión de un amor tan grande que dio la vida por los que amaba.

Una verdadera adoración debe llevarnos a sacrificar ante Dios y por amor a él, todo aquello que le quita el primer lugar o que puede ir señoreando en nuestra vida, incluso sin nosotros percatarnos: relaciones afectivas, intereses, trabajo y otras cosas por el estilo. Lo que quiera ocupar el centro y regir debe pasar a un segundo plano en obediencia a Dios. Esto es adoración.

Le sugiero usar las preguntas que se encuentran en el libro del alumno o el ejercicio haciendo la lista. Escoja una de las actividades, dependiendo de su grupo y del tiempo que tenga disponible. Pídales ejemplos.

Haga una lista de cosas que nos resultaría fácil sacrificar si Dios nos lo pidiera. Vea lo que está ausente de la lista y analice.

La verdadera adoración no es un sentimiento ni una idea. Es el reconocimiento de la soberanía de Dios sobre nosotros en lo más profundo de nuestro ser. Es un acto que supone mucho valor y olvido de si para dejar obrar a Cristo en nosotros. Tal compromiso frecuentemente es doloroso, porque implica obediencia, negación: sacrificar el ego, las prioridades, los intereses propios, el tiempo.

Abrirse a Dios en disponibilidad y obediencia es descanso: es dejar que nos muestre la visión liberadora de una fe que confía en Dios, a pesar del drama y la intensidad de nuestras vidas, es permitir que Dios despierte su propósito en nosotros. Seguros de que Dios provee y está en control de todo, aprendemos a descansar en Dios y sabemos que cuando obedecemos, aunque no entendamos lo que sucede, Dios está a cargo conforme a su sabiduría y misericordia.

El resultado de este sacrificio de negación y soltar el control, es para darlo a Dios y creerle. Dejamos de regañar a Dios por lo que hace, de sugerirle cómo actuar, dejamos de regatearle por lo que necesito y no ve, incluso descansamos el amor por los nuestros en su infinito amor. Porque, aunque no entendamos, el Señor está en el asunto y provee.

Ejemplifique la verdad espiritual de que, por su naturaleza, Dios provee siempre para bendición.

Esta adoración trae descanso, porque ponemos nuestros amores, nuestras preocupaciones, nuestras decisiones, todo en las manos de Dios, y esto es un acto liberador que humaniza nuestra vida esclavizada por nuestros yugos cotidianos, por las cargas que acumulamos, y nos permite vivir la vida abundante que Cristo vino a ofrecer.

No vamos a la adoración para recibir, sino para dar, para entregar todo nuestro ser a Dios por fe. ¿Es esa nuestra actitud al adorar? ¿O como hijos de la sociedad de consumo, solo queremos recibir y acaparar bendición, sin darnos, sin obedecer, sin organizar prioridades, sin arrancar lo que estorba la verdadera adoración, sin reconocer su soberanía y autoridad, sin sacrificar nuestros intereses?

Abrirnos y hacernos disponibles para Dios en obediencia es lo que permite recibir su caudal de bendiciones, ser depositarios de sus promesas, vivir en la paz y el descanso que él nos ofrece para una vida abundante.

Tenga preparado un cartel con la palabra ADORACIÓN. A la luz de este diálogo pida a sus alumnos que escriban palabras o frases relacionadas con lo que vayan aprendiendo cada semana acerca de la adoración. Dedique un tiempo en cada lección a añadir las palabras o las frases.

Finalice preguntando si alguien desea, después del estudio, cambiar el sabor inicial que le dio al pasaje. ¿Por qué?

Haga un resumen de la lección

Esta lección reafirma a Abraham como ejemplo de obediencia a Dios al disponerse a ofrecer su hijo Isaac. Con esa petición Dios demanda la prioridad, y le ofrece que descanse en él. La naturaleza de amor de Dios se confirma al proveer el carnero, rechazando así la práctica de los sacrificios humanos. El tema central es analizar nuestra adoración en relación a las prioridades y la obediencia a Dios. La verdadera adoración no es un sentimiento, ni una idea. Es actuar en obediencia a Dios, reconociendo su señorío y descansando en él.

Oración

Señor y Dios soberano, enséñanos a adorar. Danos obediencia incondicional, ayúdanos a actuar sacrificando intereses propios para supeditarlos a tu señorío. Fortalece nuestra voluntad para descansar en ti, nuestro cansancio de amor por otros, nuestras preocupaciones y afanes. Permite que nuestra adoración se haga acción, de modo que nuestra vida se fundamente en ti. Amén.

Lecturas bíblicas diarias

5 de marzo: Dios selecciona la familia de David. Salmo 132:8-12

6 de marzo: Dios elige a Sión por morada. Salmo 132:13-18

7 de marzo: Jesús, heredero del trono de David. Hechos 2:29-36

8 de marzo: Salomón termina la construcción del Templo. 2 Crónicas 6:1-11

9 de marzo: Los extranjeros son bienvenidos en el Templo. 2 Crónicas 6:28-33

10 de marzo: Oraciones de arrepentimiento en la cautividad. 2 Crónicas 6:36-40

11 de marzo: Oración de dedicación del Templo de Salomón. 2 Crónicas 6:12-21

No hay Dios como tú

Dar la Gloria A Dios

Propósito

En la lección estudiaremos el cumplimiento de la promesa de Dios al rey David de que su hijo Salomón construiría el templo de Jerusalén. Consideraremos la gratitud del rey Salomón al realizar este proyecto y darle la gloria al Señor como una invitación a ser agradecidos por la acción de Dios en nuestras vidas. Reconoceremos el cumplimiento de las promesas de Dios en nuestro peregrinaje de fe. Apreciaremos la importancia de la oración como parte de nuestra adoración diaria. Evaluaremos la imagen de Dios que tenemos en comparación con lo que expresa el rey Salomón.

Texto bíblico:
2 Crónicas 6:12-21

Trasfondo bíblico:
2 Crónicas 6:1-21

Versículo clave: *". . . que has mantenido a tu siervo David, mi padre, la promesa que le hiciste; tú lo dijiste con tu boca, y con tu mano lo has cumplido, como se ve en este día".* (**2 Crónicas 6:15**)

Introduzca la lección

Los libros 1 y 2 de Crónicas originalmente fueron un solo libro. Presenta hechos narrados en los libros de Samuel y de Reyes, adaptados a las circunstancias históricas en que se encontraba el pueblo judío después del exilio. Bajo el imperio persa se dio una época de tolerancia religiosa que les permitió vivir bajo la guía de sus sacerdotes y de acuerdo con las normas de su legislación religiosa, en torno al templo de Jerusalén.

El culto va a ser un elemento importante en este relato de la época de oro de Israel. Alcanzó su apogeo con la construcción del templo de Salomón y al traer a éste el arca del pacto, que representaba la presencia del Señor entre su pueblo. Ver texto paralelo en 1 Reyes 8:22-53.

Los antecedentes de esta historia se dan cuando el rey David deseó construir un templo a Dios, pero no tuvo este privilegio. Acto seguido, Dios se le aparece en sueños al profeta Natán y le da a conocer su voluntad en 2 Samuel 7:2-3, 11-16. En esta promesa de Dios hay dos temas importantes: David y su dinastía, y Salomón y el templo de Jerusalén (vv. 12-15), que hoy veremos cómo promesa cumplida. Volveremos sobre esta promesa en próximas lecciones de esta unidad.

Inicie la clase conversando sobre las promesas. Antiguamente un apretón de manos era un pacto donde la promesa hecha se respetaba. ¿Cuáles han sido las experiencias sobre las promesas en el matrimonio o los negocios en los tiempos modernos? Ahora las personas olvidan muy pronto lo que prometen. Solo hay una constante que se mantiene y de ello estaremos hablando hoy: las promesas de Dios.

Examine la Escritura

Este texto es precisamente el acto inaugural del templo de Jerusalén recién construido. La figura monárquica tiene un puesto central en la obra del cronista y en este caso es el rey Salomón quien eleva esta oración de consagración del templo.

En los versículos precedentes Salomón había firmado el documento de dedicación, por decirlo de alguna manera, por el cual el templo quedaba destinado al honor y servicio de Dios. A continuación expresa esta oración de consagración.

En la oración se presentan dos ideas que se han dado desde la promesa de Dios a David: 1) al hijo de David le sería dado el privilegio de construir el templo de Jerusalén y, 2) Dios guardaría la descendencia de David.

v. 13: Salomón está en el patio exterior que es el lugar del pueblo. Allí levanta sus manos para orar públicamente. Esta postura está relacionada con la oración en el Antiguo Testamento, pero también indica que:

- el rey se humilla ante Dios reconociendo en adoración su señorío, reconociendo que es Dios el verdadero rey de reyes, y subordinando su vida a su poder y su autoridad.

- Salomón reconoce que es Dios quien lo ha hecho a través de él: el templo es fruto de la bondad de Dios y merece que se le conceda todo el crédito.

- el templo es cumplimiento de la promesa a David hecha realidad en Salomón

Pida a los alumnos que lean el v. 14 y piensen por unos momentos en la idea de Dios que tenía Salomón según expresa esta oración.

v. 14: El Dios de Israel no tiene comparación, su perfección es incomparable. Con esta expresión en boca de Salomón afirma el monoteísmo de Israel, y la seguridad de que adoran a un Dios todopoderoso, incomparable y soberano por encima de los dioses de sus vecinos.

v. 14: El pacto es un tema extenso en la historia de Israel, pero lo importante de esta afirmación es la seguridad de que siempre Dios mantiene sus promesas. Dios no cambia, es fiel. Tristemente es el ser humano quien muchas veces se olvida e incumple su parte en los pactos, como sucedió con Israel.

v. 15: El templo surge en el corazón de David. Se presenta a David como el fundador del templo y de su ritual. Él dispuso todo lo necesario para ese fin y encomendó a su hijo Salomón la ejecución del proyecto. De manera que, ahora al encontrarnos con la oración de Salomón, él reconoce que David es quien recibe el cumplimiento de la promesa de lo que nació en su mente y corazón.

v. 16: Salomón ora para que Dios igualmente complete la promesa de la permanencia de la dinastía de David. Este verso trae la sospecha de que el cronista pensaba que esta promesa de Dios a David era pertinente en la época postexílica, y que el regreso al gobierno davídico era parte de su esperanza para el futuro. Al mismo tiempo tiene la convicción de que el cumplimiento está relacionado con el cumplimiento de la ley y la obediencia a Dios: "con tal de que mis hijos guarden su camino …" Es una condición explícita. Aquí se presenta la antítesis: David no pudo construir casa al Señor, pero Dios va a construir una casa, es decir una dinastía para David. Es en esa promesa donde se encuentra en germen la promesa mesiánica de Israel.

v. 18: Salomón entendió que Dios podía estar en el templo y en los cielos. Dios es infinito e inmenso, nada le puede contener o encerrar. Ésta es una idea que supera a la de su padre David.

vv. 20-21: Tus ojos estén abiertos sobre esta Casa: El templo era el lugar para encontrar al Dios de los cielos. Su nombre está en ese lugar de oración, donde Dios escucha las plegarias y perdona.

Aplique la lección

Estamos tratando el tema de la adoración. Lea y comente la introducción de la aplicación en el libro del alumno sobre adoración. Hoy nos acercaremos a modos de cultivar la adoración. Al traer el texto a la vida, usted puede enfatizar varias ideas que damos a continuación, o seleccionar entre ellas si tiene poco tiempo para abordarlas todas. Recuerde al final escribir en el cartel de ADORACIÓN algunas palabras relacionadas con la lección de hoy.

a) La oración es parte fundamental de la adoración.

Propiamente el texto se refiere a la oración de Salomón quien levanta sus manos al cielo y eleva esta oración públicamente. A partir de esta idea, pregunte acerca de las maneras en las que podemos hoy acercarnos a Dios en oración. ¿Es importante la postura externa o el lugar?

• ¿Podemos adorar de rodillas y levantar las manos al cielo?
• ¿Cuáles son las formas más habituales que usamos para orar?
• Hay iglesias que oran de pie, ¿cuál es la práctica en la suya?
• ¿Cuál debe ser la condición de nuestro corazón al orar?

Dialogue sobre las experiencias de oración de los alumnos y las diferentes formas que se emplean. Una forma moderna de orar es coloreando o dibujando. Este método le ayuda a concentrarse y ser específico en la oración. Puede usarse coloreando o creando con figuras geométricas o trazos libres, o decorando letras de algún texto bíblico. Lo importante es que cada trazo representa un motivo de oración. Puede encontrar más datos sobre esta práctica en prayingincolor. com. Si tiene tiempo, puede tener a mano lápices de colores y papeles para que los miembros de la clase expresen su adoración a Dios. Puede tomar ideas de este sitio en internet y crear sus propias páginas de oración.

b) En el servicio a Dios o la vida personal, en muchas ocasiones alcanzamos metas y llevamos adelante proyectos que se logran con excelencia, pero olvidamos darle la gloria a Dios.

La vanagloria humana se olvida de que nuestra inteligencia y capacidades son regalo de Dios. Todo lo que somos y logramos viene de Dios. Los líderes cristianos no debemos olvidar que es Dios quien hace la obra a través de cada uno de nosotros. Todo lo que hacemos y tenemos es gracias al Señor.

Salomón fue capacitado por Dios para construir el templo y lo hizo con excelencia. Puede que haya personas interesadas en los datos y detalles de la construcción y esplendor del templo de Jerusalén, así que invíteles a consultar en su casa 2 Crónicas 3 y 4. Realmente fue una obra de arte construido con materiales de excelencia, pero Salomón fue capaz de reconocer a Dios en todo aquello. Él construyó para la gloria de Dios, no la suya, para cumplir el deseo de su padre y como cumplimiento de la palabra de Dios.

Invite a los miembros de la clase a meditar en la frecuencia con la cual damos la gloria a Dios en todos los logros de nuestra vida. Destaque que, tristemente, esa no es la práctica común del mundo ni de la gente de iglesia. Por eso es importante estar conscientes de la necesidad de incorporar en nuestra adoración el acto constante de reconocer a Dios y darle la gloria en todo.

c) Dios cumple sus promesas.

Esa es una realidad en la vida de cada creyente. Note, sin embargo, que Salomón al orar reconoce en el v. 16 que hay una condición. El pueblo debe hacer su parte.

Pida al grupo que comente qué significa esta frase para ellos: "Que tus hijos guarden su camino andando en mi Ley".

Enfatice que muchas veces las personas esperan y desean las promesas de Dios en su vida, pero no tienen la misma preocupación por ser fieles y vivir en obediencia. Las decisiones que tomamos en la vida y nuestra manera de actuar traen consecuencias. Pueden contribuir o frenar el cumplimiento de las promesas de Dios.

Permita algunos testimonios de promesas de Dios que han visto cumplirse en sus vidas. Invite al grupo a compartir las promesas bíblicas que tienen significado para ellos.

d) Salomón tuvo su propia revelación de un Dios incomparable, Dios de misericordia, Dios de pactos, Dios de promesas y fidelidad, Dios de protección y de descendencia.

Permita que haya algún tiempo de oración silenciosa usando las sugerencias que aparecen en el Libro del alumno.

Haga un resumen de la lección

La clase aborda la oración de Salomón donde agradece a Dios por el cumplimiento de la promesa que le fue hecha a su padre David y que se cumple cuando él construye el Templo de Jerusalén. El rey Salomón reconoce que es Dios quien lo ha hecho posible y le da toda la gloria. La lección nos ayuda a reconocer en nuestra vida un Dios de fidelidad que cumple sus promesas. De la misma manera, Salomón ofrece su visión de un Dios que es incomparable, y nos lleva a reflexionar en nuestras ideas sobre Dios. Pida a los alumnos que sugieran frases o palabras para anotar en el cartel.

Oración

Pida a los alumnos que expresen en una frase breve o en una palabra su agradecimiento por las señales del amor de Dios que han experimentado recientemente. Después pueden cantar un himno como *Todas las promesas del Señor Jesús*, o algún otro canto con un tema parecido. Si no tiene suficientes himnarios disponibles, puede preparar un cartel antes de la clase con la letra del himno o canto que va a usar como oración para concluir.

Lecturas bíblicas diarias

12 de marzo: Si alguno es temeroso de Dios y hace su voluntad, a ése oye. Juan 9:24-38

13 de marzo: Un servicio internacional de adoración. Isaías 19:19-25

14 de marzo: Mandó Ezequías sacrificar el holocausto en el altar. 2 Crónicas 29:25-30

15 de marzo: Dios libra de la aflicción. Salmo 107:1-9

16 de marzo: Los sanó y perdonó. Salmo 107:17-22

17 de marzo: Salomón bendijo a toda la congregación de Israel. 1 Reyes 8:54-61

18 de marzo: Salomón dedica el Templo. 2 Crónicas 7:1-97

El pueblo agradece a Dios

Propósito

Estudiaremos la adoración en el santuario según 2 Crónicas 7:1-9. Meditaremos en las implicaciones que tiene esta adoración para nuestras vidas de tal manera que podamos examinar no solo nuestra adoración personal, sino también la adoración comunitaria. Enfatizaremos que la respuesta a la gracia de Dios es la gratitud al adorarle. Apreciaremos la adoración comunitaria, el regalo de un santuario, la celebración, la liturgia y los resultados que trae a la vida del creyente. Agradeceremos la libertad religiosa de la que disfrutamos.

Texto bíblico:
2 Crónicas 7:1-9

Trasfondo bíblico:
2 Crónicas 7:1-11

Versículo clave: *Cuando vieron todos los hijos de Israel descender el fuego y la gloria de Jehová sobre la Casa, se postraron sobre sus rostros en el pavimento y adoraron, y alabaron a Jehová, diciendo: «Porque él es bueno, y su misericordia es para siempre.»*
(2 Crónicas 7:3)

Introduzca la lección

El texto es parte de una unidad literaria que abarca de los capítulos 5-7 de 2 Crónicas. Está centrado en el tema de la dedicación del

Templo, un hecho ocurrido antes del exilio que, de acuerdo con la perspectiva del cronista, es principal en el reinado de Salomón. El culto va a ser un elemento importante en este relato. Aunque la historia aparece también en 1 Reyes 8:1-9, el cronista la narra desde una perspectiva sacerdotal.

A través del recuerdo se invita a la comunidad post-exílica a meditar sobre la historia de Israel. Al meditar en hechos del pasado, estos debían ser al mismo tiempo una lección de fidelidad a Dios, a su ley y al culto celebrado en el templo.

Recuerde los antecedentes de este pasaje ya estudiados en 2 Samuel 7:1-16. David desea construir el templo y Dios se lo impide, pero le da promesa de descendencia y de que su hijo construirá el templo. Es interesante el uso de la palabra "casa" en 2 Samuel 7: unas veces se refiere al palacio del rey (vv. 1-2), otras veces al templo (vv. 5-7, 13) y en otras, a la descendencia de David (11, 16, 19, 25-27, 29).

Dialogue sobre el privilegio de disfrutar de estas "casas" que para nosotros pueden ser el hogar, la familia y la iglesia. Dentro de esas grandes bendiciones que Dios nos da, puede iniciar la clase preguntando: ¿Qué importancia tiene para usted adorar en el templo? Introduzca el estudio de la adoración en la comunidad de fe.

Otro posible tema para iniciar la clase es hablar de adoración y alabanza. ¿Es lo mismo? ¿Pueden mencionar cánticos de adoración o de alabanza?

Examine la Escritura

El texto de hoy comienza cuando la promesa de Dios se ha cumplido con la edificación del templo y ha llegado el arca con las tablas de la ley.

vv. 1-2: Salomón acaba de dedicar el templo de Jerusalén y viene la respuesta de Dios a su oración. Pregunte qué les resulta sorprendente. La descripción es majestuosa; no se puede encerrar en palabras lo que sucedió allí. Tuvo que ser una experiencia sublime y estremecedora. La gloria de Dios llenó el templo. Dios aceptó y dio valor al santuario. Fue tan poderosa su presencia que el servicio fue suspendido.

Se narra también que descendió fuego de lo alto, y consumió el holocausto y las víctimas. Las cenizas son testimonio y símbolo de la aceptación de Dios (1 Crónicas 21:26). La adoración comenzó con la gratitud por la construcción del templo, y se complementó con el asombro, el reconocimiento de lo grande, lo majestuoso, que es Dios.

El pueblo reconoció su indignidad para acercarse a Dios, y la gozosa sumisión a su autoridad. Ante esta experiencia extraordinaria, el resultado fue de adoración.

v. 3: La postura simboliza total sumisión y reverencia. Adoraron y alabaron: "Porque él es bueno, y su misericordia es para siempre". La alabanza y la adoración son diferentes, aunque caminan juntas. Hay ocasiones en que no se pueden distinguir una de otra. Esto fue lo que sucedió en esta celebración. Hay características distintivas de la adoración que la diferencian de la alabanza:

- Cualquier persona o ser creado puede alabar. Los árboles, el sol, la luna y las estrellas alaban al Señor (Salmo 148:3-12); mas la adoración es un privilegio del ser humano.

- La alabanza es un camino de una sola vía del ser humano hacia Dios. La adoración en cambio es un camino de dos vías que incluye tanto el dar como el recibir. El corazón del adorador tiene que estar cerca del corazón de Dios. La adoración es una comunicación íntima en la que el creyente se ofrece a su Dios para ser transformado, y Dios se ofrece al creyente por medio de la gracia.

- La alabanza siempre es evidente; se nota cuando se alaba. La adoración puede ser tan visible y evidente como la alabanza, pero no siempre es así. A veces la adoración es silenciosa e invisible desatando el espíritu.

vv. 4-7: El rey así como todo el pueblo ofrecieron sacrificios. El número de sacrificios fue tan grande que el altar de bronce no fue suficiente. Cabe la posibilidad de que cada familia haya ofrecido sacrificios. Del sacrificio (ofrendas de paz) se generaba alimento para todas las personas que se habían congregado en Jerusalén.

vv. 6-10: Los sacerdotes cumplieron con su función. Su función esencial era el sacrificio como mediadores: presentan a Dios la ofrenda de los fieles y transmiten a estos la bendición divina. También cumplen su papel los cantores y los músicos con sus instrumentos y el cántico que David había entregado a Asaf (1 Crónicas 16:7). Enfatice que la celebración comunitaria necesita de la participación de todos, cada cual ejerciendo su función con responsabilidad. David es el ausente presente en la narración. Se le menciona pues ese momento había sido gestado en el corazón de David. El libro anterior narra que David trasladó el arca a Jerusalén, organizó el culto y los preparativos de la construcción del templo como el plano y los materiales. Además, organizó las funciones del clero hasta en los menores detalles.

v. 9: Finalmente, el pueblo celebra durante días. Primero dedicaron 7 días a la dedicación del templo y otros 7 a la Fiesta de los Tabernáculos.

v. 10: El resultado de adorar y alabar en comunidad es que volvieron a sus hogares alegres y gozosos. El cronista se esfuerza en presentar las reelaboraciones de la tradición y de la vida religiosa de Israel. No olvida las plegarias, el sacrificio, los salmos. Se trata de un esfuerzo litúrgico que enseña a evitar en la liturgia improvisaciones, fruto de la fantasía y del capricho personal. Este culto aprovecha la tradición como un medio para construir el futuro.

Aplique la lección

Enfatice la importancia de adorar y alabar en comunidad. La adoración corporativa es una fiesta, si entiende que Cristo le perdonó su pecado y conoce su obra. El Espíritu y usted celebran su redención en adoración. Recuerde al final dedicar unos minutos a escribir en el cartel de ADORACIÓN lo aprendido.

a) La gratitud es respuesta a la gracia de Dios.

El corazón triste y resentido, que no ve ni agradece las bendiciones, difícilmente se dispone a adorar, pues considera que Dios le debe algo, por no darle lo que él desea. La persona agradecida ve en todo la mano de Dios y responde a la gracia con agradecida adoración.
- ¿Adoramos y glorificamos a Dios con gratitud como parte de nuestra vivencia cotidiana?
- ¿Cómo respondemos a la gracia de Dios?

b) En el v. 3 se habla de alabanza y adoración. Usted ya debe haber dado algunas pautas que explican la diferencia entre ambas.
- ¿Cuál es la diferencia entre adorar y alabar a Dios? Escriba en la pizarra ADORAR/ ALABAR.

Permita a la clase comentar: ¿Cómo se relacionan?

La adoración nace en el espíritu. Jesús dijo que hay que adorar en espíritu y en verdad. Adorar es abrir el corazón y responder a Dios con sinceridad, descansar en Dios. La adoración es renovadora, vigorizante y esperanzadora. Se debe caracterizar por la paz, el gozo, la celebración, el entusiasmo y la alegría. Es dejar a Dios hacer su obra en nosotros. ¡Reposar y disfrutar de la presencia divina activando con la adoración la manifestación de Dios!
- ¿Podemos pensar que la adoración es superior o más importante que la alabanza?

Ambas son importantes en la vida del creyente y serán utilizadas de acuerdo a como lo inspire el Espíritu Santo según la ocasión.

c) La música es esencial en la adoración.

En estos tiempos la música es central en muchas comunidades de fe. A través de la música y el canto se puede percibir su teología. Muchas veces constituye el mayor tiempo del servicio. Comente acerca de la centralidad de la Palabra en la liturgia, la cual nunca debe ser relegada. Dialogue sobre los diferentes momentos del culto, y la importancia de desarrollar un equilibrio saludable. Comente sobre la incorporación de cánticos contemporáneos e himnos tradicionales en nuestros servicios.

d) El texto nos habla de que la gloria de Dios llenó el templo.

Es evidente la obra del Espíritu de Dios. Descendió fuego de lo alto y el fuego consumió el holocausto y las víctimas. De la misma manera la santificación del Espíritu desciende como fuego y consume nuestra corrupción y nuestras escorias, para encender en nuestro espíritu un fuego santo que arde en el corazón.

La presencia del Señor en la actualidad es por medio del Espíritu Santo que mora en el creyente (Juan 14:16-17). Al igual que en el pasado, la presencia del Espíritu Santo en la vida de las personas hace que el servicio a Dios y su adoración sean actividades dinámicas que nutren a quien adora.

La celebración de la adoración en el santuario debe caracterizarse por la ministración del Espíritu de Dios edificando al pueblo. Debemos dejar al Espíritu ministrar con libertad ya sea en el silbo apacible como en el fuego consumidor, decentemente y con orden.

Le invito a traer a la clase la grabación del cántico de Ricardo Montaner *La gloria de Dios*. En este se expresa lo que para él significa disfrutar de la gloria de Dios en adoración. Pida al grupo que anote las frases con la que se identifican en sus experiencias de adoración: descanso, abrigo-refugio, paz.

e) No es el templo, es el espíritu el que valida la adoración.

Hay personas que han estado en misión o traen experiencias de adoración de sus países donde existen distintas condiciones que hace que el culto sea difícil. Puede invitar a varios miembros de la clase a compartir sus testimonios. Reconozca que muchas veces en los lugares más humildes hemos vivido realmente la gloria de Dios.

f) Recuerde a quienes no tienen libertad para adorar en comunidad. Puede incluir unos minutos en el tiempo de la oración final para interceder por los que no pueden congregarse, por el pueblo cristiano perseguido por su fe, por quienes no pueden disfrutar la gloria del Dios en el santuario. Agradezca el privilegio del que gozamos de adorar con libertad.

Haga un resumen de la lección

El escritor de 2 de Crónicas recuerda que todas las tribus vienen a Jerusalén para celebrar la construcción del Templo en tiempos del rey Salomón. Allí tienen una experiencia extraordinaria cuando la gloria de Dios llenó el Templo, y un fuego de lo alto consumió los sacrificios como respuesta de Dios a la oración de Salomón. El pueblo celebró por días con el rey, los sacerdotes y levitas dando toda adoración y alabanza al Señor. El autor trata de afirmar las prácticas del culto y la centralidad del templo para el pueblo de Israel. La lección invita a darle a Dios alabanza y adoración con gratitud, y a valorar el privilegio de adorarle en comunidad en el santuario.

Oración

Te adoramos, Señor, y te ofrecemos nuestra gratitud por la comunidad de fe y el santuario donde te rendimos alabanza y adoración. Amén.

Lecturas bíblicas diarias

19 de marzo: Dios quiere personas de acción que ayunen.
          Isaías 58:6-12
20 de marzo: La reconciliación hace la ofrenda justa. Mateo 5:21-26
21 de marzo: Tratar a los necesitados de manera justa y con
          compasión. Éxodo 22:21-29
22 de marzo: Escoge, pues, la vida. Deuteronomio 30:15-20
23 de marzo: La fidelidad es la clave del pacto de Dios con Salomón.
          1 Reyes 9:1-5
24 de marzo: Resultados peligrosos de acciones injustas.
          1 Reyes 9:6-9
25 de marzo: Resultados de las decisiones y acciones de Salomón.
          2 Crónicas 7:12-22

Guarden mis estatutos y ordenanzas

Dios Hablaen Sueño - Prof. Nahan.

Propósito *Salomon, Samuel*

Identificaremos las consecuencias de la desobediencia anuncia-das en el texto al pueblo de Israel. Constataremos esos efectos a la luz de la historia y de la experiencia de los exiliados que regresan. Meditaremos en los resultados de desobedecer a Dios tanto en lo per-sonal como en lo social. Consideraremos formas contemporáneas de idolatría que nos separan de las sendas de bendición. Tendremos la oportunidad de comprometernos a vivir vidas de adoración en hu-mildad y obediencia: guardar sus estatutos, ser humildes delante del Señor y vivir conforme a su Palabra. Valoraremos la importancia de ser transformados por el Señor.

Texto bíblico:
2 Crónicas 7:12-22

Trasfondo bíblico:
2 Crónicas 7:12-22

Versículo clave: *Si se humilla mi pueblo, sobre el cual mi nom-bre es invocado, y oran, y buscan mi rostro, y se convierten de sus malos caminos; entonces yo oiré desde los cielos, perdonaré sus pecados y sanaré su tierra.* **(2 Crónicas 7:14)**

Introduzca la lección

Los dos libros de Crónicas (originalmente eran un solo documento) se escriben para un pueblo que ha regresado a su tierra después de años de exilio. Los repatriados, al regresar a su tierra, se encuentran con gente que no comparte sus ideas, que aceptan compromisos con cualquiera, aun en cuestiones religiosas y de principios.

La obra tiene como propósito enseñar. Lo que busca no es mirar atrás y narrar la historia, sino afirmar la fe en el presente. No vale tanto para reconstruir el pasado como para ofrecer un cuadro de las preocupaciones de su época. El escritor o escritores escriben para que sus contemporáneos recuerden que la vida de la nación depende de la fidelidad a Dios que se expresa mediante la obediencia a la ley y el culto sincero. El pueblo al que va dirigido este escrito conoce lo difícil que ha sido la experiencia del exilio. Nace así el llamado de volver a la ley y constituirse en un pueblo basado en ella.

Repase el pasaje en 2 Crónicas 6:12ss pues el texto de hoy constituye una respuesta de Dios a esta oración. Puede también leer 1 Reyes 9:1-9, que es un texto paralelo.

Comience con un juego de causa y efecto, que usted puede mejorar pues conoce a sus alumnos. Usted dice la causa y la clase responde con el efecto, lo más rápido posible. Por ejemplo, usted dice: Si se cae la maceta del balcón…, Si comes comida chatarra …, Si no se riegan las plantas…, Si no tomas las medicinas … Las respuestas serán las consecuencias de cada acción.

Resuma recordando al grupo que las acciones traen consecuencias. Así sucede en la vida cotidiana y en la vida espiritual. La clase de hoy contiene advertencias de parte de Dios para evitar acciones que traerían consecuencias negativas a su pueblo.

Examine la Escritura

v. 12: Es la segunda aparición de Dios a Salomón. Fue durante la noche. Mencione la primera experiencia de este tipo que tuvo Salomón (2 Crónicas 1:7).

La frase "he elegido para mí este lugar": tiene el propósito de validar el templo como lugar de sacrificio y oración.

vv. 12, 13: Las palabras de Dios confirman que ha escuchado la oración de Salomón: he oído tu oración…. Es la respuesta del Señor a peticiones específicas de Salomón (2 Cron 6:26-31).

v. 14: Es un pasaje clave para la relación de Dios con su pueblo. Expone un énfasis importante del libro y probablemente es el versículo más amado y conocido de 2 Crónicas. Presenta los requisitos para que Israel reciba las bendiciones de Dios. La esperanza de Israel de una grandeza futura está basada en estos principios.

Pida a la clase que marque el v. 14 en su cuaderno. Deben subrayar los verbos que son responsabilidad del pueblo.

- ¿Qué les pide Dios que hagan? Mientras responden, escriba en la pizarra la lista.
- ¿Por qué es importante humillarse como acción inicial?

Dios usa verbos para enfatizar las acciones de arrepentimiento sincero. Enfatice el verbo buscar, referido a buscar a Dios, que es una idea que sirve como hilo conductor en el libro. David exhorta al pueblo a buscar a Dios: 1 Crónicas 15:13; 16:11. El tema se menciona en otros textos: 2 Crónicas 17:3-4; 25:15, 20.

Ahora invite a la clase a marcar los verbos que pertenecen a la acción de Dios. Escríbalos en la pizarra en una línea paralela a la anterior. Explique que la segunda lista de verbos enfatiza la respuesta del Señor ante el arrepentimiento de su pueblo: oiré, perdonaré, sanaré.

- ¿Por qué es importante esta acción de Dios?

v. 16: Se afirma que Dios estará atento a la oración del pueblo, porque eligió y santificó el templo como lugar de encuentro con el pueblo.

vv. 17, 18: Analicen juntos estos versículos. Deje que los alumnos descubran cuál es la acción de obediencia que Dios demanda y cuáles son las consecuencias.

vv. 17-22: Hable sobre el uso del "si" condicional en el texto. Dios invita a la obediencia, a guardar sus estatutos y mandatos, y advierte sobre las consecuencias para el cumplimiento de la promesa. Analice los versículos pidiendo a los alumnos que identifiquen cuáles son las acciones, y qué consecuencias conlleva desobedecer a Dios.

v. 18: La promesa de la continuación del trono davídico es reafirmada (2 Samuel 7:12-16). Hoy es Domingo de Ramos. La promesa y la esperanza que tenía el pueblo cuando recibe a Jesús camino a Jerusalén con mantos y palmas, se basa en la expectativa de que él fuera el Mesías, el hijo de David prometido en las Escrituras.

La naturaleza eterna del reinado de David no se cumpliría por cualquier descendiente. Para el pueblo cristiano, la promesa se cumple en Jesucristo, quien vivió y murió, pero se levantó victorioso sobre la muerte y vive para siempre.

v. 19: Es la descripción de las actitudes negativas, de las malas decisiones, de la desobediencia y a partir del v. 20 se describen las consecuencias de la desobediencia.

El mensaje aclara que si no seguían los estatutos y ordenanzas que les había dado, la calamidad vendría sobre el pueblo y el templo sería abandonado. No es un capricho de Dios, es sencillamente consecuencia de las acciones humanas. El pecado nunca conlleva bendición.

v. 21: El templo se convertiría en una escena de espanto (montón de ruinas). La desobediencia trajo destrucción total y el papel especial del templo no duró mucho. ¿Crees que la pregunta culpa a Dios?

v. 22: El Señor anticipó la rebelión y el exilio. Comente sobre el peso de la idolatría como un elemento importante en el pecado del pueblo. El pueblo aceptó a los dioses de otras naciones, los adoraron y les sirvieron.

Este pasaje debió poseer un significado especial para sus destinatarios originales, quienes habían comprobado la veracidad de lo que Dios comunicaba a Salomón. Ellos conocían las consecuencias negativas de su historia, fruto de las acciones de desobediencia. Tanto ayer como hoy la desobediencia a Dios conlleva destrucción.

Un triple resultado se ofrece al pueblo escogido por Dios (sobre el cual mi nombre es invocado). Si se humillare mi pueblo (dando la espalda al pecado) y buscaren mi rostro en oración y obediencia, el Señor promete obrar.

Aplique la lección

a) Humillarnos es demanda de Dios.

El orgullo es incompatible con la adoración. Es necesario humillarnos y exaltar a Dios para adorar verdaderamente. La persona humilde se ve desde la perspectiva de su relación con Dios Todopoderoso. No se sobrevalora y agradece lo que recibe del Señor. No se envanece de sus éxitos y prosperidad, ni le discute a Dios por lo que no ha hecho ni le reclama a Dios como éste necesitara de su orientación. La presunción de creer que tenemos derecho a la gracia de Dios y que su Espíritu de bendición debe descender sobre nosotros sin que haya en nosotros hábitos de oración ni arrepentimiento, sin humillarnos, ni vivir en obediencia, no es parte de la genuina adoración. Es más fácil culpar a Dios o a las otras personas, que humillarnos y aceptar nuestra responsabilidad.

Vivir en humildad es reconocer que Dios es soberano, y que su gracia nos alcanza sin merecerlo, que nuestros logros solamente son reflejo de su gloria. Es comprender que Dios llena todo el universo y la historia, incluyendo la pequeñez de nuestras vidas.

b) La adoración para transformación.

Adorar deja huellas. Use la ilustración de la playa y la exposición al sol.

Cuando nos exponemos a Dios en adoración, recibimos la huella de su presencia, recibimos su unción como aceite perfumado y se convierte en el Señor de nuestra vida. Por eso es que la adoración es conversión. No podemos adorar y quedarnos iguales. Adoración es transformación a partir de la acción de Dios en nosotros. A veces la acción de Dios nos hace sentir dolor si hay que quitar lo que estorba. Otras veces sentimos gozo. Siempre es un acto de doble vía: dar y recibir de Dios, incluso lo que no nos gusta. Adorar es dejar a Dios operar en nuestra mente y nuestro corazón, en donde recibimos lo que nos transforma, lo que edifica, lo que nos santifica, lo que no merecemos.

La adoración es derramar el corazón a los pies del maestro. Un adorador es una persona que no se reserva nada delante de Dios. Por eso es que la adoración es conversión: entrar al taller del alfarero para dejarnos modelar y salir como vasos nuevos. La adoración verdadera puede llegar a doler, pero es un dolor purificador, provocado por la mano de Dios obrando en nuestro ser. En otras ocasiones la adoración verdadera toma la forma de una lucha en la que Dios siempre vence, y de la que nosotros salimos renovados.

Invite a la clase a reflexionar en su forma de adorar.

c) La idolatría de nuestros tiempos.

La idolatría separó al pueblo de Israel de las promesas que habían recibido de Dios.

• ¿Consideran que hoy también vivimos en idolatría?

Mencionen los tipos de idolatrías que se desarrollan en dónde viven.

Los ídolos de nuestros días no son de barro. Cualquier conducta, persona o grupo que nos exija lealtad por encima de Dios, es idolatría. Identifiquen las conductas que nos separan de Dios y retrasan indefinidamente el reino de Dios.

d) Acciones y consecuencias que conllevan confesión.

Concluya recordando al grupo que toda acción tiene consecuencias.

Invite a la clase a comprometerse a orar por su país (y por el país en que vive ahora, si ha emigrado), confesando los pecados que percibe y a buscar el rostro de Dios como parte de nuestra identidad de ser sal y luz en medio de los tiempos. La gracia del perdón prepara el camino para la gracia sanadora.

- ¿Considera que la iglesia y los cristianos pueden ayudar a sanar nuestro entorno?

Definan formas concretas en las cuales puedan ayudar a sanar la comunidad en que viven.

Recuerde escribir en el cartel de ADORACIÓN lo aprendido hoy.

Haga un resumen de la lección

Es la segunda vez que Dios se le presenta a Salomón y reconoce el templo como casa de sacrificio y oración. Le promete responder a las oraciones de su pueblo y, a su vez, espera el arrepentimiento, la oración y la reforma de vida del pueblo. Bajo estas condiciones se promete misericordia al país. Dios perdonará el pecado que atrajo sobre ellos la calamidad y sanará la tierra. Les anticipa que, si no viven de acuerdo a los principios de vida que Dios les ha mostrado, verán la ruina tanto del trono como del altar.

Oración

Señor, evita que nos alejemos de ti y traigamos juicio sobre nosotros. Perdónanos y renuévanos cada día. Amén.

Puede usar el canto: *Renuévame, Señor Jesús, ya no quiero ser igual* o alguno con un tema parecido.

Lecturas bíblicas diarias

26 de marzo: Jesús predice su sufrimiento y muerte. Marcos 8:31–9:1

27 de marzo: Haced esto en memoria de mí. 1 Corintios 11:23-26

28 de marzo: Primero examinarse, luego comer. 1 Corintios 11:27-34

29 de marzo: Lavaros los pies los unos a los otros. Juan 13:1-5, 12-17

30 de marzo: Las mujeres fueron las primeras que vieron la tumba vacía. Lucas 24:22-24

31 de marzo: Jesús caminó con dos discípulos en el camino a Emaús. Lucas 24:13-21

1 de abril: Jesús vive de nuevo. Lucas 24:1-12, 30-35

Unidad 2: Todo honor y toda
gloria

El Señor ha
resucitado

Propósito

🖋 Reflexionaremos en el testimonio de las mujeres y los discípulos acerca de la resurrección de Cristo como fundamento de nuestra fe.
🖋 Examinaremos las maneras en que el Jesús resucitado se nos presenta hoy y cómo somos llamados a anunciarle. Consideraremos la vida de discipulado como anuncio de la buena noticia de salvación y de la esperanza que vino a darnos la resurrección. Este mensaje implica compartir lo que hemos visto y oído, anunciando a Cristo como lo hicieron las mujeres, Pedro y los caminantes de Emaús.

Texto bíblico:
Lucas 24:1-12, 30-35

1. Adoración
• Obediencia,
• Anuctor Dartestimonio

Trasfondo bíblico:
Lucas 24:1-35

Versículo clave: *Ha resucitado el Señor verdaderamente.*
(Lucas 24:34)

Introduzca la lección

¡Muy bendecido domingo de Resurrección! Comience la clase con una nota de gozo y un saludo que trasmita la alegría de la resurrección a sus alumnos.

Los relatos pascuales nos descubren diversos caminos para encontrarnos con el resucitado. En la lección de hoy estaremos estudiando tres episodios que ocurrieron en la mañana y la noche del día de resurrección. Le sugerimos que lea Lucas 24 con cuidado antes de la clase. El hilo que une las historias en la lección es el anuncio de la resurrección. Las mujeres se encontraron con la piedra removida y la tumba vacía. No encontraron el cuerpo de Jesús, sino a dos ángeles que les dijeron que estaba vivo. Ellas comparten la noticia. Pedro va a comprobar lo que las mujeres han dicho y también confirma la tumba vacía. Más tarde, mientras están reunidos, reciben a los caminantes de Emaús que vienen a compartir su testimonio del resucitado. De la misma manera, el pueblo de Dios hoy está llamado a compartir la buena noticia del Cristo vivo para salvación.

La resurrección es el fundamento de nuestra fe, es el hecho más trascendental de la historia. Usted y yo somos privilegiados de poder celebrarlo en el verdadero sentido de la salvación y el amor de Dios.

Motive la clase dialogando en que hay días que no sucede nada, pero hay otros muy largos por la cantidad de acontecimientos que suceden. Los días que tienen significado para nosotros (bodas, nacimientos) se hacen largos en el recuerdo por la carga emotiva. El día de resurrección fue un largo día, lleno de hechos gloriosos.

Examine la Escritura

Primeramente, estudiaremos la mañana del día de la resurrección:

v. 1: El primer día de la semana es el domingo. Las especies aromáticas eran usadas como parte de los rituales fúnebres (23:55-56).

v. 2: Las mujeres no tenían fuerza para remover la piedra, y esto era motivo de preocupación. Al llegar, la piedra ha sido removida.

v. 3: Estas palabras son el clímax de la narración de Lucas. Dan el significado verdadero de la tumba vacía: Jesús es el Señor. Este título afirma su deidad y denota su soberanía y autoridad divina.

v. 4: Eran necesarios dos testigos para verificar un caso (Simeón y Ana, Lucas 2:25, 36; Moisés y Elías, Lucas 9:30-31; 24:48). La aparición de estos dos varones denota su procedencia celestial. Son mensajeros divinos de acuerdo al relato de Lucas (v. 23). En este evangelio los ángeles anuncian el nacimiento y la resurrección de Jesús.

v. 6: En varias oportunidades Jesús había anunciado su muerte y su resurrección (9:22,44; 13:32, 17:25, 18:31-33), pero los discípulos no habían comprendido sus palabras.

→ *v. 7:* La cruz y la tumba vacía se unen en un solo evento salvífico (1 Corintios 15:3-4).

→ *v. 9:* Las mujeres en Lucas no se quedan calladas, como en Marcos 16:8. Van a anunciar lo que han visto (Dieron nuevas de todas estas cosas).

→ *v. 10:* Lucas intercambia la palabra apóstoles con discípulos (6:13). Los discípulos son los doce seguidores de Jesús en proceso de aprendizaje, mientras que apóstoles se refiere a los enviados por Cristo en una misión (Romanos 1:1).

→ *v. 11:* Las palabras de las mujeres parecían locura. Lucas revela lo que es el punto de vista humano acerca de la resurrección. El conflicto entre la fe de las mujeres y la incredulidad de los discípulos encuentra solución en la presencia del Cristo resucitado en el tercer episodio de hoy (vv. 30, 31).

→ *v. 12:* En un segundo episodio, Pedro va a comprobar el testimonio de las mujeres, aunque parece que no fue solo (24:24). En aquella sociedad de hombres, la palabra de las mujeres debía ser confirmada. Pedro queda maravillado ante la tumba vacía.

→ *vv. 30-35:* Ahora nos acercamos al pasaje que cierra el día de la resurrección, después de la caída de la tarde. El episodio de Emaús es exclusivo de Lucas, aunque Marcos 16:12-13 presenta una versión corta. Dos discípulos de Jesús que no eran parte del grupo de los 12, habían perdido la fe por el escándalo de la cruz.

La esperanza puesta en Jesús se había desvanecido. Estaban tristes y desalentados. Esos discípulos representan a la gente desilusionada, derrotada, sin esperanzas. Por eso no reconocen a Jesús resucitado en el camino, cuando se les aparece como otro caminante.

Cuando Jesús comienza a hablarles, se sorprenden que no sepa lo que ha pasado en Jerusalén en esos días. Mientras Jesús habla, ellos sienten el corazón arder. Jesús trata de enseñarles a distinguir entre la esperanza y las ilusiones, entre el plan de Dios y los propios planes, entre lo que nos gustaría y lo que debe suceder. Al llegar a la aldea e invitarlo a entrar, lo reconocen. Han acogido al hombre, sin saber que era Jesús. Se han hecho prójimos del caminante dándole comida y techo. En el versículo 30, al partir el pan (como huésped, se le daba el lugar de honor y la posibilidad de bendecir los alimentos), se les abren sus ojos y lo reconocen. Inmediatamente, Jesús desaparece de su vista. No es necesaria su presencia física. Ya habían recuperado la fe y la esperanza. Ya no son los mismos que al comienzo.

→ 1. Regresaron por el mismo camino de regreso a Jerusalén. La primera tarea del discípulo es ser testigo de lo que ha visto y oído, ser testigo de Jesús resucitado. Así que Cleofas y su compañero regresan a Jerusalén para dar testimonio ante los demás discípulos. Al llegar, el encuentro será una fiesta pues también otros han visto al Señor resucitado.

Las palabras: "Hemos visto al Señor" tuvieron eco. Otras personas lo habían visto, y las mujeres y Pedro contaban su propia historia. Esa 2. es la tarea: dar testimonio para que los demás, escuchando y viendo, crean y compartan su fe. *un encuentro Transformado*

Aplique la lección

Desde la primera lección comenzamos a trabajar un cartel con la palabra ADORACIÓN. Invite a los miembros de la clase a continuar escribiendo al final de cada lección palabras relacionadas con la adoración. Estas palabras le ayudarán en la lección final a hacer un resumen.

Hoy centramos nuestra atención en que una forma de adorar es anunciar, dar testimonio de nuestra fe y esperanza. Cada uno de los personajes en los relatos que hemos visto tiene experiencias diferentes, pero todos hablan a otras personas de esos momentos. El testimonio de estos primeros discípulos inicia la larga nube de testigos de la fe para que hoy día nosotros también podamos creer en el Resucitado.

a) Las mujeres al llegar a la tumba están llenas de preguntas y temores.

Lo primero que sienten es la preocupación por la gran piedra, pero la encuentran removida. Entran y no encuentran el cuerpo del Señor Jesús (vv. 2-3). El texto nos dice que estaban perplejas (v. 4) y, al aparecer los ángeles (v. 5), tuvieron temor.

• ¿Cómo se hubieran sentido ustedes ante este cuadro?
• ¿Qué emociones hubieran experimentado?

Permita a los alumnos expresar sentimientos de miedo, frustración, confusión. Luego compare este pasaje con nuestras propias experiencias y situaciones de temor. En nuestra vida son muchos los momentos en los que el temor a lo desconocido, a las piedras del camino, a las imposibilidades, nos dominan. Incluso a veces Dios manda ángeles, y estamos tan inmersos en los problemas y las preocupaciones que no somos capaces de verles.

Cuando tengamos temor a lo desconocido, estemos frustrados o confundidos, miremos a la tumba vacía, donde la vida y el amor están por encima de todo. Confiemos en que Dios hace provisión para los suyos y se adelanta en nuestro camino. A pesar de nuestra realidad y las circunstancias, podemos tener la fe y la certeza de que Cristo vive en mí y batalla por mí. En él somos más que vencedores.

b) El texto nos dice que las mujeres no encontraron el cuerpo. La tumba estaba vacía, y los ángeles le confirman que Jesús no estaba allí. ¡Por eso es que tenemos esperanza!

La esperanza cristiana se da contra toda esperanza. No es negación de la realidad o de las circunstancias. Es saber en quien hemos creído y confiar en que lo abarca todo con su poder y victoria, por encima de cualquier circunstancia.

Adorar a Dios en esta mañana se traduce en celebrar la esperanza que tenemos en la vida abundante en Cristo, en la vida eterna que va más allá de la muerte, en la resurrección. Es creer en que Dios hace morada entre sus hijos, en que si él vive, nosotros también viviremos con él. Mas aún, el Cristo vivo nos ministra desde aquí. Ahora, da vida a quienes lo aceptan como Salvador, rescatando del pecado, dando luz y esperanza en nuestra historia, en nuestras comunidades y en la vida de cada uno de sus hijos e hijas. Jesús resucitado irrumpe, dando vida y luz, y vence las tinieblas y las señales de muerte, renovando nuestra esperanza.

Le recomiendo conseguir la letra y una grabación del himno *Tenemos esperanza*, del Obispo Federico Pagura. Si su clase no lo conoce, permítales escuchar la grabación y leer la letra. Comenten las ideas expresadas en el himno.

• ¿De qué manera habla hoy a nuestra fe el Cristo resucitado?

c) Esta lección nos afirma que tanto las mujeres, como Pedro, como los caminantes de Emaús dieron testimonio de la resurrección

Esta es la clave del testigo verdadero: volver a los suyos para contarles lo que han visto y oído. Es contar lo que Dios ha hecho en nuestras vidas, lo que significa para nosotros vivir en la victoria de la resurrección.

• ¿A quién envió Dios a hablarle a usted de la resurrección de Cristo? Invite a una o dos personas a narrar su experiencia. Asegúrese de que sean testimonios breves.

• ¿Cuál ha sido su camino de Emaús: el lugar o el momento en el cual Jesús le ha sorprendido?

• ¿Qué experiencias han dejado huellas en sus vidas?

• ¿Cómo puede compartir esta noticia esta semana?

Ahora sabemos que todos podemos ver al Resucitado en el desconocido, el hermano caminante, en quien se nos acerca, en el prójimo, en el pan compartido, en la comunidad reunida, al escuchar la Palabra, en la acogida al necesitado. Así mismo, las personas que nos rodean podrán ver en nosotros al resucitado, y sus signos de vida y esperanza. Anunciemos a Cristo.

Haga un resumen de la lección

La lección reúne dos textos bíblicos del día de resurrección. El primero es en la mañana, cuando las mujeres van al sepulcro y reciben la noticia de que Jesús ha resucitado, tras lo cual vuelven a compartir el anuncio con los discípulos. Luego dos discípulos que han decidido regresar al hogar se encuentran en el camino de Emaús con el resucitado, pero sólo le reconocen al partir el pan. Desandan el camino para compartir la noticia con los discípulos y Pedro. La lección reafirma que, después de haber tenido experiencias personales con el Cristo resucitado, lo único que podemos hacer es compartir lo que hemos visto y oído.

Le sugerimos usar el himno Tenemos esperanza u otro canto de resurrección conocido antes o después de la oración.

Oración

Cantamos en oración la victoria de Jesús resucitado, vencedor de la muerte y el pecado. ¡Gloria a Dios! ¡Aleluya! Amén.

Lecturas bíblicas diarias

2 de abril: Las razones para la resurrección de Jesús. Lucas 24:36-49

3 de abril: Pablo—testigo del Cristo resucitado. 1 Corintios 15:1-8

4 de abril: Las Escrituras equipan a los discípulos para toda buena obra. 2 Timoteo 3:14-17

5 de abril: El eunuco etíope escucha el evangelio de Jesús. Hechos 8:26-35

6 de abril: Apacienta mis ovejas y sígueme. Juan 21:15-23

7 de abril: El testimonio de Juan sobre Jesús es verdadero. Juan 20:30-31; 21:24-25

8 de abril: Jesús prepara el desayuno a los discípulos. Juan 21:1-14

El Señor da instrucciones

Propósito

Estudiaremos el testimonio de los discípulos en su encuentro con el Cristo vivo, en otra aparición del Resucitado en el Evangelio de Juan. Meditaremos en que Dios ayuda y provee en cada circunstancia de nuestra vida como hizo en la pesca. Reflexionaremos acerca de nuestras propias experiencias de fe que nos dan la convicción del Cristo vivo en el que creemos y que, en obediencia, actúa para bendición de nuestras vidas. Tendremos la oportunidad de comprometernos a ser instrumentos en las manos de Dios, sabiendo que la obra evangelista sin Jesús no tiene sentido. Valoraremos la Santa Cena para el pueblo cristiano como comida de perdón y restauración de vida.

Texto bíblico:
Juan 21:1-14

Trasfondo bíblico:
Juan 21:1-14

Versículo clave: *Les dijo Jesús: —Venid, comed. Y ninguno de los discípulos se atrevía a preguntarle: «Tú, ¿quién eres?», sabiendo que era el Señor.* **(Juan 21:12)**

Introduzca la lección

Seguimos trabajando el tema de la adoración, y en este caso estamos reconociendo que la resurrección de Jesús abrió un amplio camino para darle la gloria y el honor a Dios por su Hijo vencedor de la muerte y el pecado, para nuestra salvación. El Nuevo Testamento narra unas once apariciones de Jesús después de su resurrección. La que nos ocupa en esta lección tiene lugar en el Mar de Tiberias, llamado así en honor al emperador romano Tiberio. Es conocido también como el Mar de Galilea o Lago de Genesaret. Este lugar es importante para el cristianismo porque Jesús caminó sobre sus aguas, allí se realizó la pesca milagrosa, y en sus alrededores predicó a multitudes y se produjo el milagro de la multiplicación de los panes y los peces.

Cada aparición del Jesús resucitado a los suyos marcó un momento de afirmación para darle gloria y honor a Dios.

Comience la clase con las siguientes preguntas:

• ¿Cuál es su desayuno preferido? ¿Qué lugar le gusta más para desayunar?

• ¿Ha desayunado alguna vez frente al mar? ¿Cómo fue la experiencia?

Concluya diciendo que la clase de hoy hablará de un desayuno único. ¿Se imaginan desayunando con Jesús en la orilla de un lago, justo al amanecer? ¡Un privilegio del que disfrutaron unos pocos!

Examine la Escritura

Comience la clase ubicando en un mapa el lugar de los hechos: el Mar de Tiberias. Resalte que ya los discípulos han salido; no están escondidos en la casa.

Acto seguido, invite a leer el texto completo para luego analizarlo por versículos.

v. 2: Identifique a quienes van a ser los testigos oculares de la aparición del Jesús resucitado, siete discípulos que se encontraban pescando. Hay algunos nombres conocidos y otros que no se mencionan, los que pueden ser parte de los discípulos del grupo amplio de Jesús. El número 7 simboliza perfección o plenitud. Ello indica que la tarea de evangelización corre a cargo de toda la comunidad.

v. 3: No sabemos cuánto tiempo ha pasado desde la primera aparición de Jesús. Lo que sí sabemos es que estos pescadores, al estar frente al lago, reviven viejos recuerdos y deciden ir de pesca. Pedro toma la iniciativa y el resto lo acompaña.

Si en la clase hay personas que saben pescar, pregunte a qué hora se obtienen mejores resultados. Luego señale que el texto aclara que era de noche cuando los discípulos se echaron a la mar. Según el testimonio de algunos pescadores, la noche es la mejor hora para pescar. Sin embargo, las esperanzas de obtener una buena pesca se convierten en derrota cuando al amanecer aún no han obtenido nada.

v. 4: El amanecer, cuando aparece Jesús, es todo un símbolo en la narración. Jesús, que es la luz y ha vencido las tinieblas de la muerte, aparece con la luz, cuando se rompen la tiniebla de la noche. Observe que cuando Jesús llama a los discípulos les dice "Hijitos", de la misma manera en que les llamó anteriormente en Juan 13:33.

v. 5: Mientras ellos intentan pescar, Jesús llega a la orilla, los saluda y les pide de comer. Ellos no lo reconocen, pero aceptan que no han tenido éxito en la pesca después de toda una noche de trabajo. No tienen que darle para comer.

v. 8: Al seguir las instrucciones de Jesús, cuenta la historia que la pesca fue enorme, mucho más de lo que ellos esperaban. Ellos tiraron las redes y el número de peces fue tan grande que no las podían sacar. El texto habla de que arrastraban las redes y éstas no se rompen. El número de peces ha intrigado a los estudiosos del evangelio por siglos. Se han ofrecido muchas interpretaciones, entre ellas que el número representa la totalidad de la iglesia.

El verbo que se utiliza para describir el proceso de pesca es el mismo que se usa en Juan 6:44 (atraer) y en 12:32 (atraeré), aunque la traducción no lo muestre directamente. De esta manera, Pedro y los discípulos en la historia bíblica participan en el acto de atraer de aquí en adelante a quienes van a formar parte de la iglesia. En la pesca se demuestra la universalidad y la capacidad de la iglesia para recibir a todas las personas que se sientan llamadas a participar en la fe del Resucitado.

v. 7: Entonces Juan, el discípulo amado, le reconoce: ¡Es el Señor! Resulta interesante que el Jesús resucitado se aparece a María Magdalena y a los caminantes de Emaús (Juan 20:16; Lucas 24:13-33) y en ambos casos ellos no le reconocen hasta que Jesús hace algo. En un episodio lo reconocen cuando él habla; en el otro, cuando parte el pan. Aquí sucede algo similar, sólo reconocen a Jesús cuando se da la pesca milagrosa.

Aunque el discípulo amado es quien reconoce al Maestro, es el impulsivo Pedro quien se lanza al mar para llegar antes que los demás a la playa. Estaba desnudo y se viste: aunque sigue siendo impulsivo, demuestra respeto por el Señor.

v. 12, 13: Cuando llegan a la playa ya Jesús ha preparado el desayuno para sus discípulos. Comer pan y pescado en el desayuno es muy típico en Israel hasta el día de hoy. Acto seguido, Jesús los invita a comer. Jesús fue quien pidió comida, primeramente; pero es el que ahora les tiene preparado el alimento, lo que constituye otro milagro.

v. 12: Aunque ellos le han reconocido, no se atreven a preguntarle: "¿Quién eres?"

v. 13: Jesús comparte con ellos el pan y el pescado. Prepara los alimentos para ellos como en la comunión prepara la cena y provee para todo su pueblo.

v. 14: Explique que es la tercera vez que el Jesús resucitado se aparece a los suyos en el Evangelio de Juan. Esto significa que ya es seguro el hecho, debido al significado del tres en la mentalidad judía.

Juan contrasta la labor poco efectiva de los discípulos sin Jesús, con el maravilloso poder y la efectividad de la pesca con la presencia y la intervención del resucitado. En términos del evangelio, ningún discípulo puede pescar sin la ayuda de Jesús. La misión sin él está destinada al fracaso.

Aplique la lección

a) ¿Con nuestro esfuerzo o en el poder del resucitado?

El texto puede habernos recordado situaciones de vida donde hemos luchado con nuestras fuerzas sin lograr resultados. Tratamos de hacer las cosas lo mejor posible, pero nos desgastamos en nuestro esfuerzo. Sin embargo, cuando dejamos a Jesús hacerse cargo del asunto, a su manera, en su tiempo, en su sabiduría perfecta, todo toma su lugar, y se hace camino donde antes no veíamos sendas. Una y otra vez, como personas y como iglesia, hemos vivido situaciones de crisis y hemos visto la gloria del Señor descender cuando le damos su lugar.

Puede que en el grupo haya testimonios personales de circunstancias donde la intervención del Señor, y el permitir que todo fuera a su manera, cambió la situación. Pueden ser cuestiones de enfermedad, de relaciones con hijos o parejas, u otras vivencias. Pídale a una o dos personas en el grupo que comenten estas experiencias en forma breve.

Igualmente, en la vida de la iglesia y en términos del evangelio, es imposible presentar a Cristo si no es con la ayuda, la dirección y en el poder del Señor. Nosotros somos instrumentos en sus manos, pero la obra de conversión es de Dios a través de su Santo Espíritu. Nada podemos hacer por el Reino, si no es en el poder del Cristo resucitado.

Antes de enfrentar nuestras batallas y trabajos, de hacer misión o evangelismo, de luchar porque la iglesia o el grupo de mujeres o de jóvenes crezca, o de tratar de salvar el matrimonio a nuestra forma, el texto nos recuerda que mejor es acudir a Jesús. Es mejor dejarnos guiar y que sea él quien haga la obra a través de nosotros.

b) Seguir las instrucciones.

Continuando con la idea anterior, reconozcamos que no siempre seguimos las instrucciones de Dios. Queremos tener resultados y ser bendecidos, pero muchas veces le queremos imponer a Dios nuestros puntos de vista y darle instrucciones sobre cómo hacer su obra, aunque estemos pescando del lado equivocado. La evangelización y la obra del reino requiere que sigamos las instrucciones de Jesús.

La adoración es un diálogo. Debemos aprender a escuchar y a encontrar respuestas de Dios en la Palabra, meditar en ella y en las señales que el Señor nos muestra. Estar cerca de Jesús, en estrecha comunión, nos lleva a vivir en obediencia y a tener discernimiento de espíritu para vivir bajo la dirección de Dios. Por eso, la adoración es también obedecer y hacer las cosas a la manera de Dios.

c) Comida de perdón y reconciliación.

Pedro debió sentirse culpable y terriblemente mal después de haber negado a su maestro. Esta comida con Jesús fue un alimento para el alma de Pedro. Implicaba perdón y restauración de una relación que se había visto afectada por el pecado.

Generalmente las comidas se disfrutan más por la compañía que por el alimento en sí. Seguramente que usted puede recordar comidas exquisitas que no disfrutó porque la compañía no era la mejor.

• ¿Es la Cena para usted un ritual aburrido?
• ¿Experimenta el misterio de la gracia perdonadora de Dios?
• En una escala del 1-10, ¿en qué lugar coloca la Santa Cena como una necesidad en su vida de fe?

Muchas personas evitan participar de la Santa Cena porque han pecado. Explique que la Cena es un espacio de sanidad, perdón y restauración. Es precisamente para el pecador que se arrepiente. Al venir a la mesa, reconocemos nuestra debilidad y nuestra insuficiencia para vencer el poder del pecado. Venimos buscando a aquel que es suficiente y hace batalla por nosotros. El creyente que participa de la mesa, busca y recibe el poder del Cristo resucitado al comer del pan de Vida, para enfrentar el pecado y vencer su debilidad, en la victoria de la cruz. Al participar de la copa de salvación, en el misterio de la gracia, sabemos que la sangre de Cristo tiene poder para limpiar todo pecado. Ese es el mayor y más hermoso banquete del que puede participar el pueblo de Dios. ¡A Dios sea la Gloria!

Finalice invitando a la clase a adorar y glorificar a Dios por vivir bajo la gracia del Cristo resucitado.

Recuerde escribir en el cartel de ADORACIÓN lo relacionado con esta lección.

Haga un resumen de la lección

Es la tercera aparición del Jesús resucitado a sus discípulos en el Evangelio de Juan. Se da junto al mar, después de una pesca infructuosa. Jesús da instrucciones precisas y, al obedecer, tienen un resultado extraordinario que hace que reconozcan al Señor resucitado. Jesús les pide comida al principio, pero al llegar los discípulos ya tiene preparado el alimento. De la misma forma provee para cada uno de nosotros en todas las áreas de la vida. El hecho de que Pedro comiera con Jesús es símbolo de perdón. Esta comida nos recuerda que la Santa Cena es un espacio de restauración y renovación de vida para todo el pueblo cristiano. La presencia y dirección de Jesús en la evangelización es esencial.

Le sugiero cantar el himno *El Pescador*, de Cesáreo Gabaraín, antes o después de la oración.

Oración

Dios amoroso que en Jesucristo has venido a buscarnos, permite que escuchemos tu voz llamándonos al servicio y a la fe. Amén.

Lecturas bíblicas diarias

9 de abril: Pedro niega a Jesús tres veces. Juan 18:15-18, 25-27

10 de abril: Tomás pasa de la duda a la fe. Juan 20:24-28

11 de abril: Ir a proclamar el evangelio. Mateo 10:5-15

12 de abril: Que Dios envíe obreros a su mies. Mateo 9:35-38

13 de abril: Otras ovejas oirán mi voz. Juan 10:11-18

14 de abril: Quien pierda su vida por causa de mí, la hallará. Mateo 10:34-39

15 de abril: Sígueme y apacienta mis ovejas. Juan 21:15-25

Unidad 2: Todo honor y toda
gloria

Sígueme

Propósito

Examinaremos en el texto para hoy que Dios llama a cada cual a diferentes tareas. Consideraremos cómo recibe Pedro el poder perdonador del Señor ante la culpa y el pecado, al ser llamado a apacentar a otros. Reflexionaremos en cuál es el llamado que Dios nos hace hoy. Meditaremos en las implicaciones de este llamado. Tendremos la oportunidad de reafirmar nuestro propio sentido de compromiso y responsabilidad ante el llamado divino. Consideraremos la demanda de amor de Dios para el discipulado genuino realizado a través de su amor. Meditaremos en el valor de nuestra comunidad de fe como espacio de amor.

Texto bíblico:
Juan 21:15-21

Trasfondo bíblico:
Juan 21:15-21

Versículo clave: *Después de comer, Jesús dijo a Simón Pedro: —Simón, hijo de Jonás, ¿me amas más que estos? Le respondió: —Sí, Señor; tú sabes que te quiero. Él le dijo: —Apacienta mis corderos.* **(Juan 21:15)**

Introduzca la lección

El texto se enfoca en la figura de Pedro. El Jesús resucitado hace un aparte con Pedro y sostiene una conversación muy personal. Junto a la clase, trate de recordar algunos momentos de la vida de Pedro que se olvidan al ser opacados por haber negado a Jesús. Él fue quien identificó a Jesús como el Cristo (Mateo 16:13-20), estuvo en la transfiguración (Mateo 17:1-13); él es quien defiende a Jesús con una espada cuando vienen a prenderle (Juan 18:10), fue quien lo acompañó la noche en que es ajusticiado, mientras los demás le abandonan; aunque al final termine negándole. Es Pedro quien ve la tumba vacía (Lucas 24:12) después del testimonio de María Magdalena. Después de la resurrección, Pedro está entre los que participan con el Cristo resucitado en el desayuno en la playa.

Este pasaje comienza precisamente cuando Pedro acaba de experimentar una vez más el poder de Jesús. Habían estado pescando toda la noche y el Señor les manda a pescar nuevamente. Entonces regresan con las redes cargadas, aunque ya el Señor les ha preparado comida en la orilla y parte el pan para ellos. De sobremesa, el Señor le escoge a él para tener una conversación íntima. Este puede ser uno de los momentos más trascendentales de su vida, teniendo en cuenta la culpa que seguramente hay en el corazón de Pedro, después de negar a Jesús y llorar amargamente.

Inicie la clase dialogando acerca de las sobremesas. En nuestra cultura hispana las sobremesas tienen un valor extraordinario, y a veces son más largas que la misma cena. Sirven para unir generaciones, narrar historias, compartir vivencias, estrechar lazos familiares y de amistad, y hasta para hacer negocios. Muchas veces, lo mejor de una cena es la sobremesa. Este es el caso de Pedro con Jesús.

Examine la Escritura

Enlace el texto de hoy con el que estudiamos la semana pasada. Invite a la clase a recordar los episodios estudiados.

v. 15: Cuando terminan de comer, Jesús se aparta para dirigirse en un diálogo exclusivo con Pedro y comisionarle la labor de pastorear y cuidar el rebaño del Señor. En una experiencia similar con el maestro, éste les había prometido a Pedro y a su hermano Andrés hacerlos pescadores de hombres (Mateo 4:19 y Marcos 1:17).

Jesús inicia la conversación con una pregunta: "¿Me amas más que éstos?" A la memoria de Pedro seguramente llegan las imágenes de unos días atrás, cuando él había proclamado su amor por Jesús, asegurando que estaría dispuesto a morir por su Señor, pero terminó negándolo tres veces. Sin embargo, le contesta afirmativamente, sin comparar su amor con el del resto de los discípulos. ¡Cuán diferente es ahora la actitud de Pedro en comparación con la manifestada en Lucas 22:33 y Mateo 26:33!

Observe que hay tres preguntas y tres respuestas. Muchos eruditos ven las tres preguntas del Señor relacionadas con las tres negaciones de Pedro. Pida a los alumnos que comparen los verbos que se usan. Algunas traducciones en español no distinguen un detalle, que en Reina Valera 1995 que estamos usando es evidente. ¿Cuántas veces Jesús pregunta con amar y cuántas responde Pedro con querer?

Los griegos utilizaban tres palabras para referirse al amor: *Ágape*, *Philio* y *Eros*. Los dos primeros son mencionados en la Escritura. *Eros* se refiere al amor sensual. El amor Philio se da entre familiares y amigos, y denota un afecto entrañable. *Ágape* expresa el amor sacrificial. Es profundo, reflejado en el amor divino. Aparece en Juan 17:26 como la actitud de Dios hacia su hijo y en Juan 3:16 como el amor de Dios hacia la raza humana. También se utiliza para mostrar la naturaleza esencial de Dios en 1 Juan 4:16. Tiene que ver con el respeto, la estima y el amor aun a quienes no nos aman. En el pasaje que estudiamos Jesús preguntaba: *agapas me* (¿me amas?). Pedro respondía con un amor humano, el Philio. Jesús preguntaba refiriéndose a un amor que va más allá de lo que humanamente podemos experimentar, un amor que sólo viene de Dios, amor ágape, necesario para cumplir el llamado divino.

Pastorear, apacentar los corderos indica que, si amas a Jesucristo, debes cuidar a otras personas en su nombre. Eso implica una relación con las otras personas a través de Jesús, es decir, amar y velar por los terceros con su amor. La imagen del pastor es muy conocida para ellos. Pedro debe convertirse en ese pastor idóneo, dispuesto a amar de tal modo que esté preparado a ofrecer su propia vida por sus ovejas. Es una ecuación lo que Jesús está haciendo: Si me amas con ese amor, puedes amar a otras personas. Sólo ese tipo de amor va a permitirnos apacentar o pastorear.

Jesús deja en manos de Pedro esta encomienda. Con estas preguntas explora si Pedro ve quien es Jesús y quien es él en relación con Cristo: el Mesías esperado a quien debe seguir y servir como un instrumento en las manos de Dios.

v. 22: Entonces el Señor le dice: "Sígueme". Pedro se voltea, mira atrás, y pierde la perspectiva de lo que hasta aquí ha disfrutado. Olvida momentáneamente el llamado que el Señor le ha hecho, del privilegio único del que ha gozado, para fijarse en Juan y pregunta: "¿Y qué de éste?". Pedro no se ha dado cuenta de que Dios da y reparte el llamamiento y los ministerios conforme a su sabiduría. Jesús le da una respuesta tremenda: "¿Qué a ti? Sígueme tú".

Jesús no podía contestar de otra manera: el llamado de Dios a cada discípulo no está dado conforme a las expectativas y el razonamiento humano, sino que está determinado por Dios.

Aplique la lección

Recuerde dedicar tiempo al concluir la clase para anotar comentarios sobre lo aprendido en el cartel de ADORACIÓN.

a) Dios de oportunidades.

Posiblemente Pedro nunca hubiera esperado este encuentro preferencial con Jesús ni un llamado de tanta responsabilidad. Aún así el Señor le escoge para una encomienda muy personal. No importa cuántas veces nos equivoquemos, Dios siempre tiene su mano extendida para darnos una nueva oportunidad y renovarnos el llamado a trabajar en la construcción del Reino. Esto debe traer gratitud a nuestra vida y darle la gloria a Dios. El llamado de Dios no es por nuestros méritos, sino por su gracia y misericordia.

En nuestra vida de fe, en más de una ocasión nos ha sucedido como a Pedro en la negación. La noche ha cubierto el horizonte y nos ha parecido el final, pero una y otra vez el Señor se nos presenta y abre caminos, ofreciéndonos una nueva oportunidad.

b) En el amor de Dios, no en el nuestro.

Hoy el Señor nos repite la misma pregunta: "¿Me amas?" No basta con una respuesta positiva o sentimental, con una carga emotiva de amor por Jesús. Es necesaria la acción que demuestre ese amor. Jesús se anticipa a cualquier reacción y nos pide: "apacienta mis corderos" (v. 15). Por lo tanto, el amor a Jesús debe estar expresado en nuestro amor a los demás, en la tarea de nutrir, sostener, ocuparnos de cada ser creado por Dios, por amor.

El amor humano es deficiente. La tarea debe ser hecha en el amor de Jesús que alcanza incluso a quienes no amamos o nos resulta difícil amar. Este amor no parte de que la otra persona necesita ser transformada según mis patrones, ni de la imposición de mi manera de ver las cosas. El amor entiende que no podemos forzar a los demás a adoptar posiciones o actitudes que no son parte de su experiencia, sino de la nuestra. Incluso, aunque no estemos de acuerdo, el tener diferencias de opinión no significa falta de amor.

Es difícil llegar a tener este amor, porque es un amor que no se expresa con gritos, ni críticas o imposiciones. Se sufre por la otra persona, oramos por quienes nos dañan, no por lo que haya hecho, sino porque sufrimos al saber que no está siendo instrumento de Dios. Es un amor que Dios nos regala para vivir la misión. Esa clase de amor no es humano, viene de Dios.

Lo cierto es que nosotros hoy estamos gozando del privilegio que tuvo Pedro. El Señor nos ha hecho sus amigos (Juan 15:14) y nos llama a amar con su amor.

c) Sígueme.

Jesús llamó a Pedro como llama hoy a cada uno de nosotros para diferentes tareas y ministerios. La iglesia tiene muchos ministerios, y mientras más personas sean llamadas y se comprometan con el servicio, será mucho mejor. Pedro se puso a mirar a su lado, a usar su lógica humana tal y como nos sucede como cristianos. Por un momento perdió la perspectiva.

También tristemente en la iglesia a veces se dan situaciones de inconformidad, competencias o celos al trabajar por el Señor. Se pierde tiempo y energía mirando a las otras personas. Nunca perdamos el gozo del llamado. Todos los creyentes somos importantes en la obra de Dios. No permita que nubes pasajeras y humanas le desvíen del llamado de Dios a su vida.

• ¿Cuáles son nuestras nubes?
• ¿Qué nubla nuestra mirada como personas y como iglesia para seguir al Señor con paso firme, seguro y gozoso?

Puede ser la queja, o el desaliento, o el temor, o el estrés, o el futuro incierto o la enfermedad. Una manera de resucitar cada día con el Señor en la Pascua podrá ser:

- Confesar y reconocer todas aquellas cosas en las cuales vamos poniendo la mirada y que nos desvían del propósito divino,
- Centrar nuestra mirada en lo que Dios nos ha dado (talentos, ministerios, responsabilidades), y lo que espera de nosotros. Cada creyente recibe el llamado a inspirar, acompañar, evangelizar, a ocupar su lugar y hacer su tarea para el Señor con amor.

d) ¿Es nuestra iglesia un espacio de amor?

Invite a la clase a identificar los espacios de acompañamiento que tiene la iglesia.

- ¿Somos una comunidad que acoge con amor a todas las personas que llegan?

Consideren juntos un posible proyecto de amor: visitar a personas enfermas o en soledad, participar en algún tipo de servicio a los deambulantes, compartir una comida con alguna familia en necesidad.

Haga un resumen de la lección

Jesús resucitado se aparta con Pedro para tener una conversación muy especial. Le pregunta tres veces, confirmando su amor y dándole la tarea de cuidar de los otros. La imagen que usa Jesús nos recuerda al Buen Pastor. Jesús le pide a Pedro que apaciente los corderos. Pedro, aunque responde afirmativamente, lo hace desde su amor humano mientras Jesús llama a vivir el discipulado en el amor de Dios. Es a la manera de Jesús, no a la nuestra. El texto también nos ayuda a entender que Dios llama a cada cual a diferentes tareas, y que es Dios quien nos capacita para la obra.

Oración

Antes o después de la oración final pueden cantar: "Amarte sólo a ti, Señor".

Ayúdanos, oh Dios, a amarte solamente a ti, sin mirar atrás ni desmayar. Por Jesucristo. Amén.

Lecturas bíblicas diarias

16 de abril: Dios promete misericordia a todo ser viviente.
Génesis 9:8-17
17 de abril: El sufrimiento de Job es determinado por la corte celestial. Job 1:6-12
18 de abril: Moisés es convocado por Dios. Éxodo 19:20-25
19 de abril: Jesús, nuestro ejemplo en el trono de Dios.
Hebreos 12:1-6
20 de abril: Visión de cuatro seres vivientes. Ezequiel 1:5-14
21 de abril: Los ancianos se postraron en tierra y adoraron a Dios.
Apocalipsis 19:1-8
22 de abril: La adoración celestial. Apocalipsis 4:1-6, 8-11

Unidad 2: Todo honor y toda gloria

El Señor Dios todopoderoso

Propósito

Reflexionaremos en las imágenes del Apocalipsis que resaltan la soberanía de Dios. Reconoceremos que muchas de estas imágenes están relacionadas con la adoración y la liturgia de nuestras iglesias. Confirmaremos la promesa de que los redimidos tienen la vida eterna y un lugar en el Reino. Constataremos que hemos sido creados para adorar y alabar a Dios desde ahora hasta la eternidad. Experimentaremos la presencia de Dios en nuestras vidas por medio de una constante adoración. Tendremos la oportunidad de comprometernos a vivir vidas consagradas a Dios, con la seguridad de que es el Señor de la historia.

Texto bíblico:
Apocalipsis 4:1-6, 8-11

Trasfondo bíblico:
Apocalipsis 4

Versículo clave: *¡«Señor, digno eres de recibir la gloria, la honra y el poder, porque tú creaste todas las cosas, y por tu voluntad existen y fueron creadas!»* **(Apocalipsis 4:11)**

Introduzca la lección

Apocalipsis nos puede parecer extraño y maravilloso a la misma vez. Una razón para esa impresión es que se trata de un género literario muy popular en el momento en que fue escrito, que no es común en nuestros tiempos. Su audiencia en ese momento podía entender, mejor que nosotros, el significado de los símbolos y las referencias. Hoy nosotros tenemos que usar los estudios hechos por eruditos en la materia para entender lo que significaban estos símbolos. Puede comenzar mostrando logotipos o símbolos que hoy identificamos sin leer mucho. Un ejemplo puede ser los arcos o la niña de trenzas que simbolizan restaurantes de comida rápida. En la iglesia puede haber símbolos como el pez, la cruz o el logotipo de la denominación. Seleccione otros símbolos conocidos.

Otro tema para iniciar la clase es usar como ejemplo las películas.

• ¿Qué género de películas prefiere?

• ¿Qué creen de las películas de ciencia ficción?

• ¿Conocen las películas de fantasía como *Avatar*, con las personas azules, o los simpáticos *Minions*, con un solo ojo?

La juventud está habituada a imágenes fantásticas. Para muchas personas, sin embargo, el Apocalipsis puede ser un libro que asusta, aunque a otros les cautiva.

El objetivo del libro es resaltar la soberanía de Dios y el señorío de Jesucristo sobre todas las cosas, así como su victoria final sobre las fuerzas del pecado y del mal. Es un libro de alabanza a Dios.

Se escribe a finales del siglo I para las iglesias de la provincia de Asia y cristianos perseguidos. Responde a la necesidad de consuelo y aliento de quienes se negaban a rendirle culto al emperador romano, amenazados por la persecución, el arresto, la posible pérdida de pertenencias, y hasta la pena capital. Como resultado de la persecución, Juan se encontraba en la isla de Patmos, donde tiene la visión que narra en el libro. Los primeros capítulos se dirigen a congregaciones particulares, representativas de las iglesias en general. A partir del capítulo 4 comienza una gran sección del libro donde se narran las cosas que han de suceder 1:19; 4:1. Los cap 4 y 5 son una unidad preliminar a los juicios de los capítulos 6-19.

El libro posee mucha simbología y referencias a pasajes del Antiguo Testamento conocidos por los judíos del siglo I. Juan anuncia a sus contemporáneos que los propósitos de Dios se han de cumplir, y que quienes ahora les persiguen, serán castigados. En las próximas dos lecciones estaremos estudiando el tema de la adoración con pasajes del Apocalipsis.

La visión de Juan descrita en los primeros capítulos ocurre en la tierra. En los capítulos 4-5, el escenario pasa a ser el cielo, ampliando el versículo 3:21: "al vencedor haré que se siente conmigo en el trono".

El trono es símbolo de victoria y soberanía definitivamente asegurada, para los que sean vencedores, desde donde se va a mirar y a juzgar la historia. El tema central que usted debe enfatizar es la figura de Dios como soberano, en el trono, merecedor de toda la adoración. Divida el grupo para comparar las referencias a Ezequiel y otros profetas que se mencionan en el Libro del alumno y en el del maestro. Puede preparar una lista de todas las referencias bíblicas y asignar a cada grupo los textos a estudiar. Después de un tiempo razonable (10 minutos como máximo), invite a los grupos a comentar sus descubrimientos.

vv. 1-2: Se trata de la misma voz que le habla a Juan en 1:10. Es un voz fuerte y penetrante, de anuncio, como de trompeta. La puerta abierta permite entrar en el cielo para ver la visión de las cosas que sucederán. Para Juan es un rayo de luz que ilumina la atormentada historia de la humanidad. Invitado por la voz a subir y a mirar, descubre que el que tenía la iglesia en su mano, también tiene en su mano la historia de la humanidad.

La visión divina es más de una corte que de un templo. Tiene como trasfondo la corte romana y el culto al emperador. El trono destaca la soberanía absoluta de Dios sobre la historia y la consumación de su reino. El trono celestial se destaca frente a otros tronos.

v. 3: El autor no atribuye a Dios ningún rasgo humano, sino que pone de relieve su trascendencia describiendo el brillo de su gloria divina (Ver Ezequiel 1:26; 10:1). Las piedras preciosas son utilizadas para describir la extraordinaria belleza. El arco iris (Ezequiel 1:28) revela la gloria de Dios.

v. 4: Los veinticuatro ancianos representan a los redimidos de todos los tiempos. El doce y sus múltiplos son números simbólicos. Representan las 12 tribus de Israel y los 12 apóstoles. La corte celestial es figura del conjunto ya glorificado del pueblo de Dios, prototipo de la comunidad de vencedores con vestido blanco, corona y tronos (Mateo 19.28). Ellos arrojan sus coronas delante del trono (v. 10) reconociendo al único que es digno de recibir honor. Las coronas sugieren victoria y gozo, no autoridad política (Apocalipsis 2:10). La vestimenta blanca simboliza la pureza y la justicia dadas a ellos por Dios (Apocalipsis 3:4, 18; 4:4; 6:11; 7:9, 13-14; 19:14).

v. 5: Los relámpagos y truenos describen el temible y maravilloso poder de Dios. Son muchos los pasajes que muestran la manifestación de Dios de esta forma: Ezequiel 1:4; Éxodo 19:16; Salmo 18:13-14 y 104:1-9. Hay referencias a las lámparas de fuego en Ezequiel 1:13; Éxodo 25:37; Zacarías 4:2. Los siete espíritus de Dios en la Biblia pueden referirse al Espíritu Santo (Isaías 11:2). El siete es el número ideal, completo o perfecto, y es una forma inusual para referirse al Espíritu de Dios.

vv. 6-8: Lea en voz alta Ezequiel 1:5-11, 15-18. Vea con los alumnos lo que han aprendido acerca de la visión de Ezequiel y su relación con el libro de Apocalipsis.

El mar de vidrio se refiere al orden y poder de Dios. El mar generalmente representa el caos, pero ante la gloria de Dios es quieto, manso. Los cuatro seres angelicales que cuidan el trono lleno de ojos simbolizan la vigilia incesante, que todo lo conoce (Ezequiel 1:18). Los querubines representan las fuerzas vitales de la creación cuya función primaria es adorar. Estos seres alados también se describen en el Arca de la alianza, en la visión de Ezequiel y en la de Isaías.

Es el primer canto de los himnos de adoración que aparecen en los capítulos 4 y 5. Se alaba la santidad, la omnipotencia y la eternidad de Dios: Santo, santo, santo (Isaías 6:2-3). La palabra se repite para enfatizar la absoluta santidad de Dios. También nos dice que esta alabanza es continua.

vv. 9-11: Los redimidos responden con un canto antifonal, se postran reverentemente y echan sus coronas de honra a los pies del único digno de gloria, honra y honor, a quien se dirige toda alabanza como creador.

El trono es el rasgo más impresionante de la visión. Al que está sentado se le reconoce como Señor Dios nuestro, y se le aclama como el que era, es y ha de venir (4:8). Está sentado en el trono como Señor de la vida, de la historia y juez de las naciones.

No se detenga mucho en los detalles, pero resalte la majestad de Dios quien está sentado en el trono.

Aplique la lección

La adoración a Dios es nuestra necesidad. Dios es Dios, con mi adoración y mi alabanza o sin ella. En el pasaje estudiado se nos presenta a Dios en toda su majestad, poder y señorío. Es necesidad espiritual de cada ser humano adorarle. El soberano, creador del mundo y

Señor de la historia, poderoso en gloria y majestad, nos da el privilegio de ser sus hija/os y acercarnos a él en adoración. Somos nosotros quienes necesitamos adorar y alabar a Dios para nutrir y dar sentido a nuestra vida.

Presente esta pregunta y seguidamente la respuesta.

- ¿Cuál es el fin principal del hombre?
- R: El fin principal del hombre es el de glorificar a Dios, y gozar de Dios para siempre.

Esta pregunta con su respuesta data del 1647. Constituye la primera pregunta del *Breve Catecismo de Westminster,* que discipula usando preguntas y respuestas.

Copie en un cartel las palabras del himno Santo, santo, santo en su versión tradicional o traiga una grabación para escucharlo. Es posible que en el grupo haya más de una persona que lo conozca.

También puede presentar esta visión de la adoración celestial en el uso de las oraciones llamadas La Gran Acción de Gracias y el Santo en el orden de culto usado en la Comunión o Santa Cena en el metodismo y en tradiciones cristianas parecidas. Puede leer el texto o usar el himnario si tiene copias del mismo.

Resalte que la primera parte de la oración se refiere a Dios Padre. Tal como sucede en Apocalipsis 4, se responde a la grandeza de Dios con el santo, santo, santo. Hay muchas formas de usarlo, unas veces cantado y otras veces se lee. Siempre se hace antifonalmente, como respuesta del pueblo que se une en adoración.

Si se considera apropiado, explique el significado de "antífona". En el texto los ancianos (redimidos) responden antifonalmente (vv. 10-11) a las huestes celestiales Todos se unen en la alabanza a Dios. De la misma manera, se usa el Santo en la orden de culto.

La imagen de Dios en un trono como único merecedor de toda gloria, honor y poder, era una afirmación polémica, porque automáticamente dejaba sin dignidad a todos los tronos de la tierra, incluyendo a Roma. Afirmamos que Dios es soberano: Señor de la historia y de la iglesia, de nuestra vida y de las circunstancias.

Como actividad opcional, invite al grupo a orar dibujando, como en la Lección 2. Pueden pintar el trono y, a sus pies, anotar o dibujar los temores y las cargas o motivos de gratitud que queremos entregar en adoración. Mientras oran, pueden meditar en estas preguntas.

- ¿En qué medida el saber que Dios está en control y autoridad, disminuye sus temores?

- ¿Aplica en su vida personal y como ciudadano, la seguridad de que Dios es Señor de la historia, superior a todos los tronos de este mundo?

Recuerde anotar lo que aprendieron hoy en el cartel de ADORACIÓN.

Haga un resumen de la lección

Juan tiene una visión y es trasladado al cielo. Allí se le presenta el señorío de Dios en todo su esplendor. Se ve ante una corte, cuyo centro es el trono donde está sentado Aquel que es el único digno de toda gloria, honra y honor. Las imágenes para describir la gloria de Dios y los seres celestiales están tomadas del Antiguo Testamento y eran conocidas por los cristianos perseguidos, así que ellos podían entender el mensaje de Juan. Nos presenta a los redimidos que han alcanzado su corona, junto a las huestes celestiales rindiendo alabanzas a Dios como símbolo de esperanza en la victoria asegurada.

Oración

¡Santo, santo, santo, creador del cielo y de la tierra! Dios soberano, el que era, es y será, permite que reconozcamos nuestra necesidad de adorarte, y seamos adoradores fieles en espíritu y verdad, con labios que continuamente te rindan alabanzas. A ti que reinas por los siglos de los siglos, sea toda gloria y honor. Amén.

Lecturas bíblicas diarias

23 de abril: ¡Regocijaos! Cristo es la salvación de vuestras almas. 1 Pedro 1:3-9

24 de abril: Todo sujeto a Dios por Cristo. 1 Corintios 15:20-28

25 de abril: Ofrecerás sobre el altar dos corderos cada día. Éxodo 29:38-46

26 de abril: Cristo, nuestro sufrimiento y salvación. Romanos 8:31-39

27 de abril: Come este rollo y habla a la casa de Israel. Ezequiel 2:8–3:11

28 de abril: Sólo uno puede abrir el rollo. Apocalipsis 5:1-5

29 de abril: Todas las criaturas adoran al Cordero. Apocalipsis 5:6-14

Bendición, gloria y honor por siempre

Propósito

Reflexionaremos en la visión de Jesucristo como vencedor junto al Padre en este texto de Apocalipsis. Agradeceremos la obra redentora del Cordero que nos da entrada al Reino. Valoraremos la importancia de nuestras oraciones y de la adoración que desde ahora une la tierra con el cielo, al ser como incienso ante el trono de Dios. Comprenderemos que la alabanza a Dios transforma la vida de las personas cristianas y las ayuda a crecer espiritualmente: adorar es una necesidad para los hijos y las hijas de Dios. Apreciaremos la participación de la naturaleza en la alabanza universal.

Texto bíblico:
Apocalipsis 5:6-14

Trasfondo bíblico:
Apocalipsis 5:6-14

Versículo clave: *«El Cordero que fue inmolado / es digno de tomar el poder, las riquezas, / la sabiduría, la fortaleza, / la honra, la gloria y la alabanza.».* **(Apocalipsis 5:12)**

Introduzca la lección

La lección de hoy está estrechamente relacionada con la anterior. Forma parte de la visión que Juan tiene en la cual es llevado al cielo. Allí se encuentra con un trono en el que está Dios rigiendo la historia y la iglesia, rodeado de los redimidos y las huestes celestiales que le adoran. Así como la idea central del capítulo 4 es Dios como soberano; en el capítulo 5 el centro es el Señor Jesús como vencedor. Aquí se menciona a Jesucristo como el Cordero que aparece en la visión junto al trono, y a quien también se le rinde alabanza y adoración, completando así la visión del trono celestial.

Recuerde el contexto histórico: los cristianos son perseguidos por el imperio romano. Hoy sabemos que generalmente esas persecuciones fueron regionales y en ciertos períodos. Juan se dirige al pueblo creyente en Asia Menor. Escribe para alentarlos en la esperanza de que aquellos que sean fieles saldrán victoriosos. El pueblo fiel tendrá parte en el reino de Aquel que está por encima de los poderes de este mundo y a quien pertenece la victoria final. La figura de Jesús como Señor se hace subversiva en aquel contexto político donde sólo Cesar podía ser señor. Juan con su visión no sólo afirma la esperanza de que Dios gobierna sobre los tronos de este mundo, sino también de que el Cristo resucitado es Señor vencedor y reina junto al Padre.

Inicie la clase hablando de las grandes corales que han escuchado sus alumnos.

- ¿Cuál recuerdan? ¿Por qué les impresionó?
- ¿En qué medida la alabanza y la música nos ofrece destellos de la gloria de Dios?

Puede hablar del Aleluya del Oratorio El Mesías de Handel. El Aleluya refleja tal majestuosidad que el propio rey de Inglaterra, Jorge II, se puso en pie al escucharlo y con él todos los presentes. Desde ese momento ha quedado como tradición dondequiera que se canta. Puede preparar una grabación para comenzar la clase y establecer el tono de adoración que se refleja en el texto bíblico de hoy.

Examine la Escritura

En la visión de Juan, Dios tiene un libro en la mano derecha que es la mano de la ejecución, de la actuación. El libro se supone que describe lo que Dios hará a través de los tiempos, pero está sellado y nadie puede leerlo. Esto hace que el plan mismo no pueda comenzar a desarrollarse. Es a medida que el rollo se va desenrollando que el plan de Dios se desarrollará. Los testamentos en la antigüedad se sellaban con siete sellos.

→ *vv. 2-4:* Por eso el pregón del ángel dice que hace falta alguien digno de abrir el libro y ese alguien no aparece. Se necesita quien pueda romper los siete sellos que mantienen cerrado el libro para poner en marcha el plan de Dios hacia su cumplimiento final.

→ *v. 5:* Solamente hay uno que puede abrir el rollo porque ha sido victorioso. Esta victoria tiene que ver con Cristo, que ha vencido la muerte. La victoria ha sido alcanzada ya por el león de la tribu de Judá, es decir, un descendiente de David. En Génesis 49:9-10 la figura del león se refiere al gran poder de Israel. La frase de la casa de David viene de Isaías 11:1,10 y se relaciona con el nuevo rey que le ha sido dado a Israel.

→ *v. 6:* Cuando Juan intenta ver ese león, lo que ve es un cordero que fue inmolado, pero que está en pie porque ha resucitado. Tiene 7 cuernos y 7 ojos. El 7 es señal de perfección y los cuernos de poder. Lo que significa que el cordero fue inmolado, pero vive y tiene la plenitud del poder. Los 7 ojos son los siete espíritus de Dios (la plenitud del espíritu) que han sido enviados por toda la tierra. El cordero tiene la plenitud de la sabiduría, porque tiene el espíritu de Dios que lo recorre y reconoce todo.

El cordero es presentado como quien tiene el poder y la visión para verlo todo, atributos que solo son dados por Dios.

→ *v. 7:* El cordero toma directamente el libro de la mano derecha de Dios, sin otro intermediario. Lo que indica que el cordero es igual en dignidad a Dios. En todo el libro de Apocalipsis, únicamente el Cordero se acerca al trono hasta tocar a Dios.

→ *v. 8:* La autoridad divina del Cordero se ve en este versículo donde los veinticuatro ancianos y los cuatro seres vivientes se postran ante Dios. Sólo Dios es digno de adoración. En otras palabras, el Cordero tiene autoridad divina: es Dios.

Los veinticuatro ancianos y los cuatro seres vivientes adoran al cordero con arpas. Tienen copas llenas de incienso que son las oraciones de los santos. Aquí se aprecia que hay dos lugares paralelos en el relato: y entre ellos hay contacto: las oraciones de los santos en la tierra llegan al cielo, y allí se mezclan con las alabanzas que le rinden a Dios y al cordero los veinticuatro ancianos (los redimidos) y los cuatro seres vivientes, es decir, todo lo que vive.

vv. 9-14: Llegamos entonces al cántico de alabanza que toda la creación entona en honor al cordero. El himno comienza declarando la autoridad del cordero para abrir los sellos, gracias a su muerte y resurrección.

Es interesante el poder del Cordero: Primero el himno subraya el carácter universal del pueblo que el cordero ha redimido: la iglesia. El Cordero reúne todo linaje, lengua y nación. Es decir, la obra redentora del Cordero cruza toda las barreras de linaje y lenguaje, incluso más allá de lo que alcanza el mismo imperio romano. A los fieles se les ha hecho reyes y sacerdotes, y han de reinar junto a Dios y el cordero.

v. 11: Entre los que cantaban se contaban millones de ángeles. Un coro de seres humanos y ángeles junto a la creación entera.

v. 12: Por último la autoridad de Jesús incluye todas las modalidades: poder, riquezas, sabiduría, fortaleza, honra, gloria y alabanza. En resumen que no hay cosa alguna que la obra redentora de Jesús no alcance. Su amor incluye a quienes se le rebelan, a aquellas personas que van en contra de quien es por derecho y propiedad su Señor y Redentor, el cordero inmolado.

vv. 13, 14: El himno ofrece adoración al Cordero y al que está sentado en el trono.

Aplique la lección

Incluimos una variedad de sugerencias en esta sección para que usted escoja la actividad que esté más acorde con las características de la clase. Recuerde al final completar el cartel de ADORACIÓN.

En la clase anterior le sugerimos que estudiara el uso del Santo en la liturgia de comunión. Tenga copias del himnario o del culto que se use en su iglesia para celebrar la Santa Cena o Comunión. Invite al grupo a repasar la liturgia de Comunión. Si ha usado o tiene a la mano el himnario *Mil voces para celebrar*, comente el uso de "Cordero de Dios" (p. 13). Relaciónelo con el texto estudiado donde aparece el Cordero junto al trono, recibiendo la adoración.

Si el Sanctus se canta después de hablar de Dios Padre en la oración de adoración (p. 11, en *Mil voces*), el Cordero se usa refiriéndose a Cristo, al presentar los elementos. También se le conoce como el *Agnus dei*, en latín: "Cordero de Dios que quitas el pecado del mundo, ten piedad de nosotros."

Observe que hay tres himnos en el capítulo. Identifíquenlos. Introduzca la palabra doxología. Puede preguntar para saber si los alumnos están familiarizados con el término.

Doxología (*doxa* = gloria, fama, opinión + *logos* = palabra) es una oración o himno de alabanza que glorifica a Dios. Es un himno abreviado, como una exclamación, en la que se celebra la gloria de Dios y de Jesucristo. Muchas de las doxologías que cantamos son trinitarias: glorificamos al Padre, al Hijo y al Espíritu Santo.

La doxología expresa el amor al Señor por sí mismo. Más allá de uno mismo, de la situación, de la necesidad, de la recompensa, de la espera, del prójimo, de toda criatura. Es anhelo por el Señor. La alabanza expresa de la forma más completa y perfecta dicho amor, reconociendo que toda expresión humana es inadecuada, y que las palabras no alcanzan para recoger la inmensidad y la grandeza de Dios. El adorador utiliza todos los recursos de su corazón y de su mente, animados por la voluntad de amor y por la fe en el Señor.

El destino del pueblo de Dios es alabar a Dios y ser transformados por esa adoración. Su tarea es crecer y permanecer en ese proceso de adoración que continuará hasta la eternidad.

• ¿Usamos alguna doxología en nuestro servicio de adoración?
• ¿Cuál es la más usada en nuestra comunidad de fe? ¿Conoce otras?

1. Usted puede tener como recurso el himnario *Mil voces para celebrar*, e invitar a revisar las doxologías *A Dios el Padre Celestial* (21), *Gloria Patri* (23) y otras sugerencias del índice.
2. Si en su comunidad se usan los cantos contemporáneos, pregunte algunos que considere que caben en esta definición de doxologías. Por ejemplo: *A ti atribuimos la gloria*, *Sólo tú eres santo*, etc.
3. También puede grabar y usar en la clase el cántico de Jesús Adrián Romero, *Sentado en su trono, rodeado de luz*. Pida al grupo que identifique los elementos de Apocalipsis 4 y 5 que se presentan en el mismo.

Comente acerca de composiciones corales como el oratorio *El Mesías* de Handel, comparándolas con el coro celestial del texto bíblico.

Ofrezca el testimonio del Aleluya. Resalte que repite "Rey de reyes" y "por siempre y siempre", combinado con el "aleluya". Esta obra es un testimonio transformador del poder de la alabanza: George Frideric Handel compuso en unas pocas semanas este oratorio, que muchos consideran es una de sus obras maestras. El libreto fue obra de Charles Jennens, un hombre de profunda fe religiosa. Jennens usó textos bíblicos tomados de la versión de la Biblia conocida como *King James Version*, así como del *Libro de oración común*. El Oratorio es una afirmación de fe, y el Aleluya es la expresión central de esa fe.

La creación entera alaba a Dios. Pensamos que son solo las criaturas racionales las que alaban a Dios, pero el v. 13 afirma que la alabanza a Dios es un canto universal que incluye a todo lo creado. Puede discutir con la clase algunas de las preguntas que se han incluido en el Libro del alumno. Ejemplifique la alabanza de la creación, que nos ministra demostrando la grandeza de Dios.

Haga un resumen de la lección

El texto completa la visión del reino celestial donde está Dios en el trono con el libro de los siete sellos que nadie puede abrir. Es solo el Cordero quien puede abrirlos. Solamente puede abrirlos el León de la tribu de Judá, vencedor de la muerte que es a la vez Cordero. Los redimidos se unen a los ángeles, a las oraciones de los santos que suben como incienso y a toda la creación, para darle la gloria al Cordero vencedor. Hay tres cánticos en el texto que resaltan la adoración a Dios y al Cordero.

Oración

Puede concluir la clase cantando el himno *Jesús es mi rey soberano* antes o después de la oración final.

Amante rey y Señor nuestro, redentor y salvador, nos ofrecemos en adoración afirmando: Jesús es mi rey soberano. Amén.

Lecturas bíblicas diarias

30 de abril: Dar voluntariamente y de corazón. Éxodo 25:1-9

1 de mayo: Dar limosna en silencio. Mateo 6:1-4

2 de mayo: Dar una ofrenda generosa. 2 Corintios 9:1-5

3 de mayo: Todo diezmo es sagrado. Levítico 27:30-33

4 de mayo: Bendiciones para el justo. Salmo 112

5 de mayo: Ofrendas para el Tabernáculo. Éxodo 35:10-19

6 de mayo: Dar con alegría y generosidad.
Éxodo 35:20-29; 2 Corintios 9:6-8

Unidad 3: Alabar a Dios

Demos con un corazón generoso

Propósito

Examinaremos el verdadero sentido de las ofrendas para la construcción del tabernáculo como obediencia a Dios y como expresión de adoración. Analizaremos lo que significa ofrendar adorando con corazones generosos. Rectificaremos las ideas falsas y muy populares en relación con las ofrendas: sembrar y segar. Examinaremos nuestro acto de ofrendar con un sentido de verdadera adoración. Consideraremos que adorar es darle a Dios todo lo que él merece, honrarle, reconocer que recibimos de él todo, conforme a sus riquezas. Tendremos la oportunidad de comprometernos a ser ofrendadores fieles y dispuestos a trabajar en la obra del Señor.

Texto bíblico:
Éxodo 35:20-29; 2 Corintios 9:6-8

Trasfondo bíblico:
Éxodo 25:1-7; 35:4-29; Levítico 27:30-33; 2 Corintios 9:6-8

Versículo clave: *El que siembra escasamente, también segará escasamente; y el que siembra generosamente, generosamente también segará.* **(2 Corintios 9:6)**

Introduzca la lección

En clases anteriores hemos estado trabajando diferentes matices de la adoración a Dios. Esta unidad completa el estudio de la verdadera adoración con el tema de honrar y reconocer a Dios a través de la entrega y la ofrenda al Señor.

Hablar de ofrendar puede resultar difícil, primero que nada por el egoísmo humano. El tema se agudiza por ser muy manipulado y tergiversado. Por eso es importante que usted le recuerde al grupo que estamos estudiando el significado de la adoración. Hoy estudiaremos las ofrendas dentro del marco de la verdadera adoración a Dios: honrar y reconocer al que vive y reina. El tema fundamental de la clase, aunque parece ser la ofrenda, en realidad es honrar a Dios y darle nuestra adoración, reconocerle, ofreciéndole todo lo que merece.

Dialogue acerca de algún hecho en el cual la congregación haya colectado ofrendas para algún fin. Puede haber sido la construcción del templo, la compra del mobiliario, la compra de los instrumentos musicales o la reparación del órgano. Tal vez contribuyeron con dinero o alimentos en un caso de emergencia o apoyan algún ministerio de la iglesia. Permita que algunos de los miembros de la clase hablen de sus recuerdos. Cierre el comentario afirmando la bendición que significa ofrendar para apoyar la obra de Dios en el mundo.

Examine la Escritura

Éxodo 35 inicia la última sección del libro relacionada con el tabernáculo. En esta sección se ejecutan las instrucciones de Dios dadas a Moisés, y el pueblo se complace en obedecer y llevar a cabo la obra con entusiasmo. El texto contiene una invitación al pueblo a ofrendar para edificar el tabernáculo.

El pueblo de Israel ha salido de la esclavitud de Egipto y en su peregrinar por el desierto Dios provee para ellos. En su misericordia, suple en cada etapa las necesidades: el agua de la roca, el maná del cielo, las tablas de la ley. En esta ocasión se ocupa de proveer un lugar destinado para la adoración, que es el Tabernáculo.

La adoración es una necesidad del ser humano. Por eso, en el 35:2 por tercera vez Dios hace énfasis en guardar el día de reposo. En ese día no se cocinaba, no se encendía fuego (v. 3) por ser un trabajo; era día de descanso total. El creyente que abandona el don del día de reposo, de separar tiempo para la adoración y el descanso en Dios, no vive plenamente. Nuestro verdadero descanso está en el Señor. Por eso, el tabernáculo como lugar de adoración y encuentro con Dios se hace necesario para el pueblo. Estaría ubicado en el centro del campamento como símbolo de la centralidad de Dios y su adoración para el pueblo de Israel.

Lea Éxodo 35:20-29. Utilice las siguientes preguntas para evaluar el texto:

* ¿Cuál es la idea central del texto?
* ¿Qué tipos de ofrendas son presentadas?
* ¿Eran ofrendas obligatorias o voluntarias?

vv. 20-21: Mencione a quienes voluntariamente se sintieron inspirados a dar sus ofrendas generosas para Dios. El mensaje pronunciado por Moisés en nombre de Dios hizo que la gente fuera generosa. Nadie fue forzado a prestar sus servicios en esta obra sagrada y se insinúa que las ofrendas se trajeron inmediatamente.

vv. 22-24: Habla de quienes vinieron a ofrendar y lo que trajeron. Las ofrendas fueron diferentes, de acuerdo a lo que cada cual poseía: prendas, piedras preciosas, pelo de cabras, pieles de carneros, ofrendas de plata, bronce y madera.

vv. 25-26: Las mujeres también tienen parte en este proyecto. Se habla de mujeres sabias de corazón que hilaban con sus manos, poniendo el don que Dios les había dado a disposición de la obra. En la construcción de esta casa del Señor ellas tenían el deseo de hacer algo para darle la honra a Dios y su devoción en adoración. Tal debió ser el aporte femenino que se les menciona en dos versículos, junto a los hombres y los príncipes (v. 27-28) que trajeron piedras, aceite y artículos de mayor valor.

v. 29: Hombres y mujeres, humildes y acaudalados, "todos los que tuvieron corazón generoso" trajeron sus ofrendas voluntariamente al Señor y tomaron parte activa en el servicio. Las ofrendas fueron importantes y necesarias, agradables delante de Dios. Obedecieron al líder que Dios les había dado y siguieron instrucciones todos en un mismo sentir para cumplir la tarea con gozo.

Analice las frases "su corazón le impulsó" y "su espíritu le dio voluntad" (v. 21). Note que ellos dieron recursos para honrar a Dios, pero no recibieron de lo mismo. No le dieron sus ofrendas a Dios para que él les devolviera con intereses, como algunas veces se escucha hoy. El pueblo sembró con sus ofrendas por amor a Dios, en adoración y esto redundó en bendición por generaciones. Pablo usa la comparación con la siembra como una forma de ayudar al pueblo cristiano a entender la importancia de la generosidad.

Al mismo tiempo, el Nuevo Testamento está lleno de advertencias acerca de la codicia, el amor al dinero y el lugar que deben tener nuestras pertenencias en la vida de fe verdadera (Mateo 6:19-20, 24; Lucas 12:13-21; 32-34; 16:13; 18: 18-25; Hechos 5: 1-11; 1 Timoteo 6:3-10; Santiago 5: 1-6). La iglesia de los primeros siglos ayudaba con ofrendas a las personas más necesitadas.

En una época donde no existían programas sociales para ayudar a las viudas y a los huérfanos, a las personas incapaces por su edad o su salud de trabajar para mantenerse, era la iglesia la que ayudaba a sostenerlos. Pablo está exhortando a los corintios a ayudar a la iglesia en Jerusalén a proveer para las personas pobres. Su propósito no era acumular dinero para sí mismo, ni tener una casa más grande o viajar alrededor del mundo. Su interés era proveer sustento para las personas pobres a las que la iglesia servía.

Aplique la lección

a) Honrar a Dios es darle lo que se merece.

En este pasaje Dios se ocupa de crear un espacio para la adoración respondiendo a una necesidad vital para el pueblo. De ahí la importancia del tabernáculo y del día de reposo para Israel. Adorar es reposar, descansar en Dios. Quien abandona el separar tiempo para la adoración y el descanso en Dios, no vive plenamente. Nuestro verdadero descanso está solamente en Dios. Nadie puede vivir la vida abundante y plena que Jesús vino a darnos sin adoración. La adoración es un mandato. No es opcional, es respuesta de obediencia para todas las personas que creen en Dios. Nos reunimos para honrar y adorar a Dios, y para recibir su bendición. La ofrenda es una parte de la adoración, de honrar a Dios y darle lo que él merece. Lea la primera sección de la aplicación del alumno, relacionado con la ofrenda en dinero.

Hoy las iglesias cierran y venden sus edificios, a menudo por la falta de apoyo de la congregación. Sostener la obra de Dios, con sus proyectos y sus necesidades cotidianas, así como la misión y el personal de la iglesia es parte de nuestra adoración. Dios sigue llamándonos a proveer un lugar que sea único, mi lugar semanal de encuentro con Dios y con los hermanos en la fe; un lugar de bendición, testimonio y luz para la comunidad, donde puedo honrar y darle mi mejor adoración a Dios. Mi adoración no consiste solamente en alabarle, sino en darle lo que él merece según mis posibilidades. Use las preguntas que los alumnos tienen en su cuaderno.

b) ¿Qué te daré, Maestro?

Ese es el título de un himno antiguo que enseña una gran verdad: la deuda con Dios es impagable. La gracia salvadora es un regalo inmerecido. Toda dádiva y bendición viene de Dios.

Revise conceptos erróneos sobre la ofrenda:

- Está la idea oculta, pero latente, de ofrendar como si estuviéramos haciendo un negocio con Dios: ofrendar para que nos retribuya según nuestros caprichos.
- Está el chantaje a Dios: no ofrendar si las cosas no han salido como yo deseo o rebajar la cifra para que Dios obedezca.
- Ofrendar por obligación, como si pagáramos los impuestos. Es un delito así que la mayoría de los ciudadanos cumplen. Alguien dijo que en ocasiones los cristianos ofrendan y enseñan a sus hijos a ofrendar como si estuvieran pagando impuestos. Relacione esta idea con 2 Corintios 9:7.
- También hay "garroteros con Dios". Le dan al Señor para que devuelva de lo mismo con intereses. Y los olvidadizos que piden y reciben pero no ofrendan.

Es necesario entender que ofrendar no es hacer negocios con Dios. La mala interpretación de 2 Corintios 9:6 trae alguno de estos males. Cuando sembramos adoración para Dios, recibimos conforme a sus riquezas en Cristo Jesús. Para el pueblo, dar para el tabernáculo redundó en comunión, presencia, y cercanía de Dios como fruto de la genuina adoración. A veces los que más tienen económicamente son las personas más tristes y desdichadas. Dios siempre va a ser fiel y a proveer en su sabiduría lo que es mejor. Agradecer en adoración la presencia y la acción de Dios en nuestra vida nos hace darle todo nuestro ser, nuestra mejor adoración, nuestra mejor ofrenda y finalmente en la eternidad, recibimos nuestro galardón (Apocalipsis 4:10).

Presente un espejo. Invite a mirarlo. ¿Qué ven? Cada cristiano debe reflejar a Cristo, su salvador, como un espejo. Como el espejo devuelve la imagen, así yo devuelvo a Dios en adoración lo que me ha dado, con mis talentos, mis actos, mis ofrendas, mi tiempo. Lo hago para que Dios sea magnificado.

c) Formas de ofrendar en nuestra iglesia.

Hable sobre las promesas de ofrendas que sostienen la iglesia local. Explique la diferencia entre ofrenda suelta, diezmo y promesa que ayuda a realizar el presupuesto anual. Motive a ser ofrendadores responsables.

d) Visita al santuario al inicio o al final de la clase.

Si su templo tiene placas de reconocimiento de personas que ofrendaron en otro tiempo, reconózcales con gratitud y motive a seguir su ejemplo respondiendo a las necesidades actuales.

Recuerde anotar algunas ideas aprendidas hoy en el cartel de ADORACIÓN.

Haga un resumen de la lección

Dios dio instrucciones precisas a Moisés para trasmitirlas al pueblo con el fin de construir un lugar de adoración a Dios. El texto aborda el compromiso que asumió el pueblo de Israel al ofrendar para la construcción del tabernáculo, con la participación de cada persona, según sus posibilidades, pero todos con corazones generosos. 2 Corintios 9:6-8 sirve como apoyo de la narración para esclarecer los falsos conceptos de ofrenda que hoy se manejan. Reafirmamos que la ofrenda es adoración: Honrar a Dios y darle lo que merece, ofrendando con corazones agradecidos y generosos.

Oración

Amante Dios, gracias por todo lo que de ti recibimos. Ayúdanos a adentrarnos en el misterio de la genuina adoración: ofrecernos a ti y recibir de ti. Danos corazones agradecidos y generosos para ofrendar con responsabilidad y ser fieles en nuestros compromisos de sostenimiento de tu obra. Oramos en el nombre de Jesús, quien se ofrendó para salvarnos. Amén.

Lecturas bíblicas diarias

7 de mayo: Honra a Dios con las primicias de tus frutos. Proverbios 3:1-10

8 de mayo: Las primicias para Dios. Apocalipsis 14:1-5

9 de mayo: Las ofrendas, sacrificio acepto, agradable a Dios. Filipenses 4:15-20

10 de mayo: Preparación de ofrendas con harina. Levítico 2:1-10, 14

11 de mayo: Ofrendas aceptables sin defectos. Levítico 22:17-20

12 de mayo: Observar las fiestas solemnes. Levítico 23:1-8

13 de mayo: Presentar los primeros frutos a Dios. Levítico 23:9-14, 22

Traigamos los primeros frutos

Propósito

Estudiaremos la Fiesta de las Primicias como un acto de adoración a Dios. Consideraremos que tanto ayer como hoy, es Dios quien provee para su pueblo. Meditaremos en cómo responder a la providencia de Dios en agradecida generosidad. Entenderemos la importancia de honrar a Dios al darle lo mejor y darnos a nosotros mismos. Nos motivaremos a compartir con quienes tienen más necesidad y asumiremos responsabilidades y acciones de vida a favor de la justicia divina en solidaridad con el prójimo. Demostraremos la fe en la providencia de Dios en la manera que damos para la obra del Señor.

Texto bíblico:
Levítico 23:9-14, 22

Trasfondo bíblico:
Levítico 2:14; 23:9-22

Versículo clave: *Habló Jehová a Moisés y le dijo: «Habla a los hijos de Israel y diles: Cuando hayáis entrado en la tierra que yo os doy, y seguéis su mies, traeréis al sacerdote una gavilla como primicia de los primeros frutos de vuestra siega.* **(Levítico 23:10)**

Introduzca la lección

Levítico es un manual de instrucciones para los levitas y sacerdotes que oficiaban en el tabernáculo recién terminado. Ellos necesitan instrucciones para los ritos y sacrificios de modo que el pueblo en aquella época pudiera tener comunión con un Dios santo.

Éxodo presenta a Israel rescatado de Egipto y separado como pueblo para ser posesión especial de Dios. En Levítico vemos a los israelitas separados de la impureza y el pecado para poder acercarse a Dios.

La santidad es el tema fundamental de todo el libro. Dios es santo y su santidad es activa y efectiva pues se irradia a todo lo que se acerca a ella. Todo lo que es ofrecido o consagrado al Señor queda "separado" del uso profano, "separado del uso común"- santificado. Dios demanda que ellos sean santos como él es santo (Levítico 19:2). La santidad de Israel es un acto de la gracia divina, un don gratuito de Dios que les ha separado y escogido. Ellos deben preservar su santidad a través de ritos, ofrendas y sacrificios, las fiestas de los días sagrados, y de su manera de vivir. Se trata de una santidad vivida en el contexto familiar, social y económico.

Este capítulo se refiere a las fiestas religiosas, entre ellas las relacionadas con la cosecha. Aunque nosotros vivimos en una sociedad de supermercados, aún existen diferentes fiestas de la cosecha, por ejemplo: la de Pereira en Colombia en agosto; o la muy colorida de Tetelcingo, Morelos, México; o la Fiesta de la Vendimia en Argentina a principios de marzo; o el Festival del Melón, en Cordele, Georgia, Estados Unidos. Permita a algunas personas del grupo comentar de alguna fiesta de la cosecha que conozcan.

Examine la Escritura

vv. 2-4: Al inicio del capítulo es Dios quien habla para referirse a las fiestas solemnes. Son ritos de adoración a Dios y ceremonias cargadas de gratitud. Son fiestas que no se celebraban en la soledad y el individualismo, sino que convocaban de manera comunitaria a la adoración. Eran reuniones santas o sagradas.

Familiarícese con el tema de las fiestas judías en todo el capítulo, para ubicar la que hoy nos atañe.

vv. 4, 5: Comienza por la Fiesta de la Pascua en el primer mes, Nisán, que conmemoraba la redención de Israel de su esclavitud con Egipto. En ella se inmolaba el cordero pascual.

vv. 6-8: La Fiesta de los Panes sin levadura o ácimos que posteriormente se unió a la primera. En ella se apartaba del hogar toda levadura como símbolo de pecado e impureza, y se comía el pan sin levadura que se llama *matzo*.

vv. 9-14: La Fiesta de las Primicias que nos ocupa hoy, marcaba el comienzo de la siega de la cebada, el primer grano del año. Esta primera cosecha se veía con fe como la promesa de una cosecha venidera más grande.

vv. 15-22: Muy relacionada con la anterior está la Fiesta de las Semanas o Pentecostés, 50 días después de la Pascua, en la cual se da gracias a Dios por la cosecha.

Otras fiestas mencionadas en el capítulo son: las Trompetas (23-25), el Día de la Expiación (26-32) y los Tabernáculos (33-44).

Al adentrarse en el estudio de la Fiesta de las Primicias, usted puede comparar para la explicación y comprensión, la gavilla de cebada con la espiga de trigo por su parecido. La cebada es una gramínea usada como cereal que era muy importante en la dieta básica de Israel, usada en el pan de cebada.

vv. 9-14: Propiamente la Fiesta de las Primicias estaba asociada con la cosecha del grano. Era el 16 del mes de Nisán (marzo-abril), al comienzo de la siega.

Invite a los alumnos a descubrir los pasos que se debían seguir en la celebración: El rito consistía en presentar en el santuario la primera gavilla de grano de cebada (v. 10). La gavilla de cebada era mecida delante de Dios en acción de gracias por la siega (v. 11 y Levítico 7:30). También se presentaba un holocausto (v. 12), un cordero de un año sin defecto y una ofrenda de harina (v. 13).

Después, en la fiesta de las Semanas o Pentecostés, con la harina del grano cosechado amasada con aceite, se ofrecía pan de aroma agradable y aceite. La fiesta de las Primicias comenzaba el ciclo de la cosecha y se cerraba con la Fiesta de las Semanas, posteriormente llamada Pentecostés.

v. 14: Los israelitas no debían comer nada de la cosecha hasta que hubieran cumplido la provisión de Dios, ofreciéndole las primicias, la primera cosecha, lo mejor. Como dádivas a Dios, toda la ofrenda de las primicias era propiedad y alimento de los sacerdotes, quienes representaban a Dios. Esta ofrenda simbolizaba la cosecha entera; era una ofrenda de fe. Más tarde, el profeta Malaquías denunciaría la adoración que había degenerado al traer sobras a Dios.

v. 22: Como la tierra era de Dios (Levítico 25:23) y requería una apropiada administración, se hacía justicia a los más desposeídos. Permita al grupo comentar lo que significa este versículo Los israelitas no debían segar el campo hasta los bordes, ni recoger las espigas caídas después de la cosecha. En este versículo se refleja la misericordia con los necesitados. Como la tierra era de Dios, todos los seres creados tenían derecho al sustento que provenía de ella. La narración de Rut 2:2-3 nos ilustra esta práctica de justicia y misericordia que enseñaba a compartir con los más desposeídos.

Aunque la narración se da en un contexto agrícola, la norma descrita en 23:10-14 es general e incluye toda clase de primicias (Deuteronomio 8:7-18).

Parte fundamental de la vida de Israel era su adoración a Dios santificando el día de reposo, y cumpliendo con las fiestas en espíritu de adoración. Darle a Dios lo primero, lo mejor, era un acto de fe. les recordaba que Dios les había bendecido y provisto con fidelidad y lo continuaría haciendo. A esto ellos debían responder en adoración con agradecida generosidad a Dios y al prójimo.

Aplique la lección

Tenga en cuenta las preguntas que aparecen en el libro del alumno. Finalice la clase completando el poster de ADORACIÓN con lo aprendido.

a) La excelencia para Dios.

Anime a sus alumnos a reconocer que toda provisión viene de Dios. Lléveles a reconocer que en Jesús, Dios mismo nos dio lo mejor de él, lo mejor de su herencia. Esto nos invita a responder a esta bendición con agradecida generosidad dándole a Dios con excelencia: lo mejor. Cuando Dios es nuestra prioridad, le damos con gozo y gratitud lo mejor en nuestras ofrendas, tiempo, dones y capacidades que ponemos a su disposición. Todo lo hacemos para el Señor y se lo entregamos a él reconociéndole en todos nuestros caminos.

Sin embargo, no siempre sucede así. Oramos a Dios pidiendo que nos ayude a encontrar trabajo y cuando lo da, empleamos el domingo en resolver cosas, en lugar de darle el tiempo y la adoración a Dios. Pedimos un aumento de sueldo, y luego le rebajamos la ofrenda a Dios porque adquirimos otros compromisos. Comenten por algunos momentos sobre las formas de ofrendar y dar nuestras primicias sin importar nuestra situación económica.

b) Fe en la providencia de Dios.

Esta fiesta era al inicio de la cosecha: se daba gracias a Dios por lo que se iba a recibir. Una ofrenda de fe: daban a Dios incluso antes de recibir.

Invite a demostrar fe en la providencia de Dios en la manera que damos para la obra del Señor.

c) Compartir con los necesitados.

En nuestro contexto hay muchas banderas que se levantan abogando por los pobres y los desposeídos, pero sin un compromiso personal. Generalmente las voces se levantan para que las instituciones de caridad, el estado o las instituciones de cuidado social provean para ellos. El texto de hoy nos habla de una responsabilidad personal de cada miembro del pueblo de Dios de ejercer la misericordia y la justicia social. El v. 22 nos habla de que cada sembrador dejaba de su cosecha para los desposeídos que venían detrás buscando el alimento.

A veces oramos por los pobres, hablamos de los pobres, exigimos para los pobres, pero no vemos ni queremos ver a los pobres que nos rodean. No nos gusta reconocer que también son nuestra responsabilidad. Muchas veces hay cristianos que usan oportunidades para recibir beneficios que en realidad no necesitan, mientras otros los necesitan más. El egoísmo nos lleva a pensar que mientras más podamos aprovecharnos para tener y tener, es mejor. No hay una conciencia real de estar privando a otras personas que pueden necesitar más esas ayudas.

Discuta las aplicaciones de Levítico 23:22 para nuestro contexto.

• ¿Cuánto tenemos que aprender de esta práctica?

• ¿En qué formas podemos ejercer nuestra responsabilidad social por los más desposeídos?

Usted no va a arreglar el mundo, pero el mundo estaría mejor si cada cristiano y cada cristiana fuera un instrumento de justicia en su pequeño mundo. Puede ayudar a su familia y a quienes le rodean. Puede ser instrumento de justicia con los empleados, con los subordinados en el trabajo, con los menos afortunados de la comunidad, siendo parte de las instituciones que ayudan a tantos con proyectos de bienestar social. Podemos servir, compartiendo con otros de lo mucho que recibimos. Vivir en santidad de vida es una prioridad. Es ofrecerle a Dios lo que le pertenece, lo mejor, pero también ver en el prójimo el rostro de Dios y proveer en justicia para ellos, hasta donde nos sea posible. Somos llamados a compartir con quienes tienen más necesidad.

d) Levítico y el Nuevo Testamento.

Levítico cobra un nuevo significado ante el sacrificio expiatorio de nuestro Señor Jesucristo pues contiene ilustraciones y tipos del sacrificio de Cristo. En 1 Corintios 15:20-23 Pablo dice que cuando Jesús resucitó, él fue el primer fruto de una cosecha mucho mayor donde todos resucitaremos. Este texto se entiende a la luz de la Fiesta de las Primicias estudiada hoy.

Haga un resumen de la lección

Estudiamos la Fiesta de las Primicias que iniciaba la cosecha de la cebada. El pueblo adoraba a Dios ofrendando con gratitud los primeros frutos, los mejores, y agradeciendo la cosecha venidera con fe en un Dios de provisión para su pueblo. El elemento de la santidad del pueblo que es llamado a ser santo como su Dios, se manifiesta en todas las esferas de la vida. Nos llama a ser justos y misericordiosos con los más desposeídos que encuentran también alimento en los campos. Es entonces un llamado a ser solidarios, y una invitación a darle la prioridad a Dios en nuestra vida ofreciéndole lo mejor.

Oración

Señor y Dios, gracias porque nos has escogido, nos has santificado y nos has dado salvación. Perdónanos cuando actuamos sin darte la prioridad en nuestra vida. Ayúdanos a vivir en santidad contigo y con el prójimo, honrándote al darte siempre lo mejor con gratitud y alegría. Mueve nuestro corazón a adorarte con entrega total, ofreciéndote lo mejor. Amén.

Lecturas bíblicas diarias

14 de mayo: Si guardáis mis mandamientos, la tierra dará su fruto. Levítico 26:3-6

15 de mayo: Todas las cosas en común. Hechos 4:32-37

16 de mayo: Sobrellevad los unos las cargas de los otros. Gálatas 6:1-5

17 de mayo: Mantendré el pacto con mi pueblo. Levítico 26:9-13

18 de mayo: Justicia al comprar y vender propiedades. Levítico 25:13-17

19 de mayo: Ayudémonos unos a otros en momentos de dificultades. Levítico 25:35-38

20 de mayo: El año de reposo de la tierra y el año del jubileo. Levítico 25:1-12

Unidad 3: Alabar a Dios

Recordar con gozo

Propósito

Estudiaremos en qué consistía el año del jubileo para el pueblo de Israel. Consideraremos el trasfondo de misericordia y justicia que posee en la economía de Dios y cómo el concepto de dignidad se amplía a la tierra también. Meditaremos en la fiesta de la redención y la libertad, y cómo Jesús retoma a plenitud el proyecto liberador de Dios para darnos salvación. Reconoceremos expresiones del lenguaje de la gracia que son tomados del año del jubileo. Recibiremos la invitación a ser parte del proyecto liberador de Dios en Cristo Jesús animados por el espíritu del perdón y de la justicia.

Texto bíblico:
Levítico 25:1-12

Trasfondo bíblico:
Levítico 25

Versículo clave: *Así santificaréis el año cincuenta y pregonaréis libertad en la tierra a todos sus habitantes. Ese año os será de jubileo, y volveréis cada uno a vuestra posesión, y cada cual volverá a su familia.* **(Levítico 25:10)**

Introduzca la lección

En el libro de Levítico es Dios quien habla generalmente. Se repite una y otra vez la frase que Dios le habló a Moisés y le dijo. Entonces aparece textualmente lo que Dios habla. Las palabras son registradas en la forma en que fueron dichas. Así comienza este capítulo de Levítico 25, que le recomiendo que lea completo pues algunos versículos iniciales se aclaran en los versos siguientes.

Mucho antes de que los israelitas llegaran a Canaán, ya Dios había hecho provisión para cada tribu y familia, de modo que cada cual tuvo su tierra dada por Dios. Sin embargo, Dios siguió siendo el propietario de la tierra (Levítico 25:23-24) y los israelitas los inquilinos. Fue la misma relación que tuvo Dios con Adán: lo puso en el huerto para que lo cultivara y cuidara (Génesis 2: 15); y es la misma relación que Dios quiere en nuestra vida, con la certeza de que todo viene de él y le pertenece: "De Dios es la tierra y su plenitud, el mundo y los que en él habitan" (Salmo 24:1).

Comience la clase preguntando:
• ¿Qué se entiende por la frase "borrón y cuenta nueva"?
• ¿Qué significa y cómo se usa?
• ¿Por qué las personas tienen que declararse en bancarrota?
• ¿Es la bancarrota en algunos casos un borrón y cuenta nueva o hay penalidades?

Luego explique que, salvando las distancias hoy, estudiaremos cómo Dios proveyó en misericordia para el pueblo de Israel, de modo que pudieran recomenzar y hacer borrón y cuenta nueva.

Examine la Escritura

Familiarícese con el significado que tienen en este contexto algunas palabras: **Jubileo** viene de la palabra hebrea *yohvél*, y significa "cuerno de carnero". Al inicio de ese año de Jubileo (y de otras celebraciones religiosas) se tocaba un cuerno de carnero o *schófar*, y ese sonido indicaba que se iniciaba un período de libertad por toda la tierra. Ese año de Jubileo era sabático. La tierra no se sembraba, se dejaba sin trabajar. Redención, que en este contexto es una persona que puede pagar la deuda que ha asumido un pariente cercano, puede rescatar su tierra o comprar su libertad.

Puede también recordar el concepto y la invitación a la santidad en Levítico 19:2. El jubileo se entiende y toma sentido dentro del marco de vivir en santidad 25:12. Los tres fundamentos del pacto del Antiguo Testamento eran la tierra, el pueblo y las prácticas religiosas. Todos ellos debían ser preservados como sagrados para el Señor y se instruía a los levitas para que cultivasen la santidad de la comunidad del pacto.

→ *v. 1:* Estas instrucciones se redactan como recibidas por Moisés en el Sinaí. Tienen el objetivo de enseñar al pueblo, que aún está en el desierto, cómo vivir cuando lleguen a la tierra prometida.

→ *v. 2:* Una vez más habla Dios del reposo y ahora del reposo de la tierra. En clases anteriores hemos visto que la invitación de Dios a guardar el día de reposo en adoración, era por la necesidad que tenía el ser humano de encontrar en la adoración el descanso que solo Dios puede dar. Dios ahora llama al cuidado de la tierra.

→ *vv. 3- 7:* Cada séptimo año debía observarse como reposo. La tierra debía descansar, sin cultivarse. El ciclo de siete años se basa en la semana de siete días, con sus seis días de trabajo y el séptimo de reposo. De ahí que este año sea llamado, habitualmente, año sabático (Dt 15: 1-11). Así que la tierra, que le pertenece a Dios, le era devuelta cada séptimo año. La comida para el pueblo sería provista por él, de la siega anterior y de lo que naturalmente nacía.

→ *vv. 8-9:* En el séptimo mes es cuando terminaban las cosechas. Por lo tanto, los cuarenta y nueve años debían contarse de otoño a otoño. Entonces se tocaba la trompeta al iniciar el año del jubileo.

→ *vv. 10-12:* Santificar el año cincuenta, llamado jubileo, consistía no solo en el descanso, sino también en la liberación. En este año los esclavos eran liberados, la tierra era devuelta a sus propietarios originales, y no se cosechaba.

→ *v. 23:* Como Dios era el propietario de la tierra, cada tribu y cada familia tenía asignada su porción de tierra. Esta porción, si se perdía por deudas, debía regresar a la tribu original. La propiedad no podía cambiar de dueño en forma definitiva. Lo que recibía el deudor no era la tierra, sino un determinado número de cosechas. El precio por un esclavo o terreno disminuía al llegar más cerca del jubileo, y todo negocio debía tomar este año como referencia.

Las prácticas fundamentales del jubileo eran:
1. La prohibición de sembrar y cosechar.
2. La devolución de las tierras a su primer propietario o sus herederos.
3. La liberación de todos los esclavos israelitas, los cuales regresaban a su familia, a la posesión de sus padres.

Uno de los aspectos más importantes del jubileo era la redención: Dios mandó que los pobres fueran tratados con respeto y misericordia. Se evitaba que los ricos acumularan grandes extensiones de tierra a expensas de los pobres. Estas prácticas previenen de la ruina a la tierra y a la gente endeudada. Son prácticas que permiten la dignidad y la liberación de las personas afectadas. Quienes han cultivado la tierra saben que las cosechas son impredecibles, y que un año con cambios en el clima puede traer la ruina incluso a personas con recursos económicos.

El jubileo aseguraba que las familias siempre tuvieran un lugar en Israel y no fueran vendidas al extranjero o forzadas a salir de la tierra prometida. Era el año de la libertad. La trompeta llamaba a una fiesta jubilosa, a celebrar la libertad para todos, a renovar los ciclos de la naturaleza, a restaurar las relaciones.

Según la tradición rabínica la ley del jubileo no se observó después del destierro. Tampoco parecerse haberse cumplido estrictamente antes del destierro, pues de lo contrario no se explicarían las quejas de los profetas contra los acaparadores.

Aplique la lección

a) La economía de Dios es diferente.

El Jubileo, propio de una sociedad y cultura específicas, contribuía a la justicia y al equilibrio social. La deuda sin misericordia hubiera significado la ruina de una familia, y su desaparición. De ahí que el mensaje de Dios a Moisés sea esta celebración de la libertad y el perdón aplicados a la vida económica.

El principio de "Amarás a tu prójimo como a ti mismo" (Levítico 19:18) significa que el amor es la forma de relación típica dentro de la familia. Amar a alguien como a uno mismo significa tratarle como si fuera un miembro de la familia. En la sociedad que Dios establece en Israel debe imperar una relación basada en la misericordia y el amor en todas las esferas. Esto no es posible humanamente. Por eso, siempre fue considerado como un milagro que el propio Dios realiza en la historia humana. De hecho, no fue una celebración que se mantuvo y se haya cumplido en los diferentes períodos de la historia de Israel.

Dios, como dueño de la tierra, la da para ser usada con misericordia. La tierra no fue dada para que unos pocos acumulen riquezas basadas en la injusticia. Si Israel guardaba las leyes de Dios, entonces, nadie llegaría a ser pobre (Deuteronomio 15:4).

La misericordia de Dios la entendemos como una fuerte compasión por el desvalido, por quien sufre, por aquella persona que necesita ayuda o consuelo. Dios no se complace en que la gente sufra por problemas económicos, por no tener dónde vivir, o porque alguien sea tratado de una manera que le despoje de dignidad y respeto. Precisamente eso era lo que el Jubileo buscaba: suministrar misericordia y una posibilidad de reiniciar una nueva vida y una nueva economía personal o familiar.

Los cristianos hoy son llamados a tener justicia y compasión, que es la base de esta celebración. El jubileo continúa en nuestro ministerio con los desposeídos, los pobres, los oprimidos, los malnutridos, quienes viven en violencia.

Preparen juntos una oración en forma de letanía mencionando situaciones específicas que la clase ve como problemas. Después de mencionar cada problema, los miembros responden: Te lo pedimos Señor.

b) Jesús anunció su mensaje con un lenguaje de esperanza basado en el jubileo (Lucas 4:18-19).

El año de jubileo era el año de la liberación. Cuando un campo se perdía por deudas, un pariente podía "redimir" y rescatar como "libertador" la propiedad, pagando por ella. En caso de que no hubiera un pariente, en el Jubileo la tierra volvía a su antiguo dueño y los esclavos regresaban a sus familias, recobrando su libertad para iniciar una vida nueva. Eso implicaba que la familia recuperaba su honor y dignidad.

La libertad del jubileo nos enseña mucho en relación con la gracia de Dios. La libertad que Cristo vino a ofrecer da la posibilidad de un nuevo comienzo en la vida. Esta libertad está en el perdón que el Señor nos ofrece. Dios nos llama como pecadores al arrepentimiento, y a vivir en el descanso y la libertad de Dios. Jesús nos ha redimido, nos ha liberado de la esclavitud del pecado (Hebreos 2:14-18) y ese es motivo de verdadero júbilo.

A la luz de este anuncio, ¿qué jubileo pudiera Dios darnos para nuestro tiempo? En este siglo vivimos a un ritmo frenético, pero Dios nos invita a apartar un tiempo de renovación, de liberarnos de aquellas ideas, creencias o situaciones negativas que podrían esclavizarnos. Dios nos invita al descanso, a la paz, a reencontrarnos con su ternura. En el espíritu del jubileo, somos llamados al perdón para volver a comenzar relaciones sanas.

c) Responsabilidad por la tierra.
• ¿Qué significa que la tierra es de Dios para nosotros hoy?
• ¿Somos responsables de su cuidado?
• ¿De qué manera, en nuestros pequeños espacios, somos llamados a colaborar?

El *oikos*, la casa de Dios donde fuimos puestos como administradores de una creación buena en gran manera, se destruye por el pecado y la irresponsabilidad humana. Reflexionen juntos dónde puede cada persona asumir responsabilidad y compromiso.

Escriba en el poster de ADORACIÓN lo referente a esta lección.

Haga un resumen de la lección

La celebración del Jubileo se daba cada 50 años. Consistía en liberar a los esclavos israelitas, devolver las tierras a sus dueños originales y dejar descansar la tierra sin cultivar ni cosechar. El año del jubileo era la oportunidad de perdón y libertad para recomenzar vidas. El texto nos llama a una economía de justicia y misericordia basada en el amor donde todos vivan con dignidad, incluyendo la tierra como símbolo de nuestra responsabilidad por la creación. Jesús usó el lenguaje de esperanza del jubileo en su ministerio, ya que por gracia él perdona, restituye y da una nueva oportunidad de vida, libertad y descanso en Dios.

Oración

Señor Jesús, salvador y redentor de nuestras vidas, gracias por pagar nuestra deuda, otorgarnos perdón, hacernos libres y darnos un nuevo comienzo. ¡Somos bendecidos con el jubileo de la salvación! Permite que en esa misma dimensión de amor y perdón que nos has mostrado, obremos con otros en justicia y misericordia, anuncio liberador y perdón, por amor a ti. Amén.

Lecturas bíblicas diarias

21 de mayo: Expiación por el pecado del pueblo. Levítico 16:15-19

22 de mayo: El Señor escucha el clamor de los justos. Salmo 34:11-18

23 de mayo: Jesús experimentó la muerte por todos. Hebreos 2:5-9

24 de mayo: Jesús nos trae la salvación por medio de sus aflicciones. Hebreos 2:10-13

25 de mayo: Jesús destruye el poder del demonio. Hebreos 2:14-16

26 de mayo: Jesús, el sumo sacerdote del pueblo para siempre. Hebreos 7:18-28

27 de mayo: Jesús, nuestro salvador y liberador. Salmo 34:1-10; Hebreos 2:17-18

Regocijo por la restauración

Propósito

Estudiaremos el salmo 34 identificándonos con frases que hablan a nuestra experiencia personal de fe. Constataremos que Dios cuida a los suyos y provee en medio de la necesidad. Recibirá la invitación a vivir vidas que confíen en Dios y le bendigan en todo tiempo, incluso en las situaciones adversas cuando la adoración hace manifiesta la presencia de Dios y su fiel compañía. Consideraremos nuestra vida de adoración. Le invitaré a crecer y descubrir el poder de la alabanza y la adoración. Veremos la importancia de invitar a otras personas a probar y ver qué bueno es Jesús.

Texto bíblico:
Salmo 34:1-10; Hebreos 2:17-18

Trasfondo bíblico:
Levítico 16; Salmo 34; Hebreos 2:5-18

Versículo clave: *Gustad y ved que es bueno Jehová. ¡Bienaventurado el hombre que confía en él!* **(Salmo 34:8)**

Introduzca la lección

Todos estos meses hemos participado en el aprendizaje de la Palabra motivados por el tema de la adoración. En esta clase, en la cual concluimos el tema del trimestre, es importante afirmar en las mentes y los corazones de los alumnos la importancia de la adoración, y el llamado a ser adoradores en espíritu y en verdad.

Lea 1 Samuel 21:10-15 como preparación para la clase, de modo que pueda ubicar la referencia que se hace en el título del salmo. Los salmos se recopilaron después del exilio, incluyendo en ellos colecciones de estos cantos que datan de seis siglos. Estos títulos a los salmos son adiciones que añadieron con distintos propósitos. Algunos parecen indicar los autores, en otros son referencias musicales. Hay términos técnicos que se desconocen en nuestra era.

El salmo que estudiaremos hoy se refiere a la experiencia de David ante el rey Aquis de Gat. Algunos eruditos creen que Abimelec es el título atribuido a los reyes de aquel país (como decir Faraón). El trasfondo histórico se da cuando David, huyendo de Saúl, busca refugio junto al rey Aquis. Pero David temía que este rey filisteo lo matara y por eso se fingió loco. La estrategia funcionó de modo que el rey lo dejó ir con vida. David expresa su alabanza y testimonio por la protección divina.

Motive la clase hablando de los salmos. Pregunte:
• ¿Cuál es su salmo preferido?
• ¿Por qué tantos cristianos se identifican con los salmos?

Esa literatura intimista en ocasiones refleja en sus palabras nuestra propia vivencia y nuestros sentimientos. Hoy estudiamos un salmo amado de todos los tiempos.

Examine la Escritura

El Salmo 34 se atribuye a David y consta de dos secciones: la que estudiaremos hoy (vv. 1-10), que constituye un canto de gratitud y adoración por la acción y el cuidado de Dios. La segunda parte contiene una lección de sabiduría: el que desea ser feliz debe temer al Señor.

Esta composición es acróstica. Cada versículo empieza con una letra del alfabeto hebreo. El salmista habla sobre lo que Dios ha hecho e invita al pueblo a unirse a él en adoración y alabanza.

vv. 1-3: La alabanza como respuesta a la acción de Dios: la respuesta a la gracia de Dios es la gratitud en adoración. Invite a descubrir las palabras que usa David para adorar al Señor y escríbalas en la pizarra o en algún cartel: bendecir, alabar, glorificar, engrandecer, exaltar. Pida a los alumnos que las expliquen. Todas son palabras que indican cómo responder al Señor en adoración.

v. 1: David prorrumpe en alabanza a Dios. David expresa que cualquiera sea su circunstancia, buena o mala, él bendice a Dios. La alabanza de David en este momento es producto de la protección de Dios, pero su corazón también le bendice en medio de las pruebas.

La frase "su alabanza estará de continuo en mi boca" indica que el corazón de David estaba lleno de alabanza y gratitud a Dios en todo momento y bajo cualquier circunstancia. Sólo así una persona puede tener su boca en todo momento llena de alabanza.

vv. 2, 3: Invitación a que otros se unan a la alabanza por la experiencia que él tiene de la bondad del Señor. Cuando nuestra boca se llena de alabanza, las personas que nos rodean también reciben bendición.

Estos tres primeros versículos dan testimonio de la experiencia de salvación y remiten a un Dios cercano, presente, que escucha y que ve. ¿Por qué entonces hay que bendecir, alabar, glorificar, engrandecer y exaltar a Dios?

a) Por su bondad.

vv. 4-8: Pida que relacionen los vv. 4, 6: versículos de seguridad que dan la certeza de que no estamos solos, que Dios escucha y responde.

v. 4: Dios tiene la capacidad de escuchar y actuar. "Me libró de todos mis temores".

- ¿Cómo interpretar "temores" y "angustias"?
- ¿Considera que esto implica siempre un cambio de circunstancia?
- ¿Se refiere a que Dios cambió "todo" o a que Dios le libró de vivir en angustia y temores?

v. 5: El salmista alaba a Dios porque es un Dios que oye y actúa, y esa seguridad se refleja en el rostro. Parte de la presencia de Dios en el creyente es la paz al saber en quién está confiando. Es la fuente de la luz y de la vida. La amistad con Dios trae alegría y optimismo. El salmista afirma con confianza que Dios no defrauda nuestra esperanza en el Señor.

v. 8: Gustar es un verbo que inicialmente se relaciona con el sentido del gusto. Aquí se refiere a la capacidad de evaluar cosas que no tienen que ver con la comida, de elegir, discernir y deleitarse en Dios. El salmista apela a su pueblo para que busque conocer por experiencia propia la bondad de Dios. Eso lo hace dichoso, bienaventurado.

b) Por la seguridad que nos ofrece.

v. 7: El ángel del Señor. En los textos bíblicos más antiguos (Génesis 16:7; Éxodo 14:19) el ángel del Señor es el mismo Dios que se manifiesta y hace que los seres humanos experimenten su presencia de manera sensible. Aquí, en cambio, la expresión designa a un miembro de los ejércitos celestiales, enviado por Dios con la misión de ejecutar sus órdenes y proteger a sus fieles. "Acampa alrededor": Indica protección total. Dios rescata, defiende, protege.

c) Porque Dios provee.

vv. 9-10: Afirma con seguridad que nada falta a los que buscan a Dios. Por todo esto el salmista adora a Dios.

Relacione el texto estudiado con Hebreos 2:17-18. La expresión máxima del cuidado de Dios proviene del hecho de que Jesucristo se identifica totalmente con la humanidad. Sufrió todo lo que los seres humanos pueden sufrir, y comprende nuestros temores y angustias. Debido a su glorificación a través de su resurrección, ahora Jesucristo puede interceder por el pueblo que confía en su gracia. Tenemos un Dios que nos comprende completamente y nos ama en medio de todo lo que suceda en nuestra vida.

Aplique la lección

a) En todo tiempo.

En principio, la salvación por gracia es un don de valor tan inmenso, que debe estimularnos continuamente a expresar gratitud de todo corazón a Dios, y en todo momento llenar nuestra boca de alabanza. Si meditamos tanto en el salmo estudiado como en el pasaje de Hebreos, vemos todas las razones para tener confianza en el amor de Dios, así como para vivir con un corazón agradecido.

- ¿Bendecimos a Dios solamente cuando las cosas van bien, o también en las pruebas y las batallas de la vida?
- ¿Podemos alabar a Dios en todo tiempo cuando las situaciones no varían y las circunstancias no nos son propicias?

Generalmente consideramos que la adoración viene bien con la alabanza y la oración, pero no se relaciona con las batallas de la vida. Considere que nuestras batallas y luchas, cuando se llevan con alabanza y adoración, quedan sometidas a la autoridad y el poderío del Señor. Su poder se activa en medio de nuestras circunstancias, pues Dios batalla por nosotros y con nosotros, dándonos los recursos necesarios para enfrentarlas. Cuando bendice a Dios en todo tiempo, se hace realidad la oración del Padrenuestro: "venga tu reino".

b) Libre de temores.

¿Qué interpreta cuando el salmista habla de "temores"? A veces la mayor atadura que tenemos son nuestros propios miedos. Dios nos puede librar de la situación difícil que vivimos. Sin embargo hay momentos en que no vemos cambios, pero Dios nos puede librar del temor a la situación. No siempre el Señor libra de la circunstancia. Al adorar en medio de la circunstancia difícil, perdemos el temor porque tenemos la compañía de Dios.

Relacionando el texto con Hebreos 2:17-18.

• ¿En qué medida saber que Dios comprende nuestras debilidades le ayuda a vivir con mayor tranquilidad?

• ¿Considera que la obra de Jesucristo puede librarnos de temores?

c) Buscar al Señor.

Consideramos que buscar a Dios es llamarle, pedirle, clamar. ¿Ha pensado que es también adorarle?

Dios está en todo lugar y momento. Al mismo tiempo, cuando le adoramos le estamos abriendo la puerta a nuestra vida, para que la presencia de Dios sea manifiesta. El Salmo 22:3 nos recuerda que Dios mora en la alabanza; es como su lugar de residencia. La adoración es el lugar donde Dios se siente en casa. Es la dirección donde siempre podemos encontrarle cuando le buscamos. Cuando adoramos le invitamos a actuar en nuestra casa.

Es por eso que al buscar a Dios, la adoración y la alabanza hacen que el pueblo perciba su presencia de forma manifiesta. Aunque no siempre podamos determinar lo que Dios quiere, sabemos que cuando adoramos, estamos en su voluntad perfecta.

La adoración es nuestra responsabilidad primaria ante Dios y nuestra gran necesidad. Adorar es conectarnos con Dios. Como el pez en el agua, es el cristiano en adoración. El descanso nuestro solo está en Dios. La adoración tiene poder para liberarnos de cargas y cansancio, y conectarnos a la fuente de vida abundante y eterna. Los cristianos viven vidas tristes y raquíticas porque no transitan con frecuencia el camino de la adoración. Al reconocer la grandeza de Dios, su señorío y majestad, y al activar su presencia poderosa que nutre nuestro espíritu, veremos su impacto positivo en nuestras vidas.

El culto de adoración es un recordatorio de que la efectividad de nuestra vida cristiana consiste en estar conectados en adoración con Aquel que es la fuente de agua para vida eterna.

d) Cartel de ADORACIÓN.

Con esta lección concluye el estudio sobre la adoración. Es importante dedicar un tiempo a modo de resumen para releer y comentar lo que han ido escribiendo en el cartel de ADORACIÓN. Invite a la clase a comentar lo que aprendieron. Espero que hayan llegado a un mejor y más completo entendimiento de lo que es adorar a Dios, y lo que significa para nuestras vidas ser genuinos adoradores. Invite a la clase a vivir en adelante una genuina adoración.

Haga un resumen de la lección

En esta clase estudiamos la primera sección del Salmo 34 así como una porción de la Epístola a los Hebreos. Ambas nos invitan a la gratitud y la adoración a Dios por su protección y su cuidado. El salmista cuenta lo que Dios ha hecho e invita a todo el pueblo a adorarle: porque es bueno, ya que escucha y actúa a favor de los suyos; porque da seguridad, ya que guarda y defiende, y porque es un Dios de provisión. Ambos textos nos describen las razones para adorar y confiar en Dios todos los días de nuestra vida.

Oración

Bendito Señor, afirma el don de la verdadera adoración en nuestras vidas, llena nuestras bocas de alabanza, y danos corazones agradecidos que te adoren en espíritu y en verdad para que tu presencia manifiesta sea nuestra realidad. Queremos bendecirte en todo tiempo y nutrirnos en adoración de la fuente de vida abundante y eterna. Por Jesús oramos. Amén.

Lecturas bíblicas diarias

28 de mayo: David come el pan de la proposición. 1 Samuel 21:1-6
29 de mayo: Misericordia quiere el Señor y no sacrificios.
Oseas 6:1-6
30 de mayo: Arrancar las espigas.
Levítico 19:9-10; Deuteronomio 23:25
31 de mayo: El sábado es para actos de misericordia. Lucas 14:1-6
1 de junio: Mi Padre hasta ahora trabaja, y yo trabajo. Juan 5:9-18
2 de junio: Tú haces justicia al huérfano y al oprimido.
Salmo 10:12-18
3 de junio: Está permitido hacer el bien en sábado. Mateo 12:1-14

CPSIA information can be obtained
at www.ICGtesting.com
Printed in the USA
LVOW03s0302071217
558902LV00017B/153/P